John Algeo · Reinkarnation - Evolution der Seele

John Algeo

Reinkarnation

Evolution der Seele

ADYAR
THEOSOPHISCHE VERLAGSGESELLSCHAFT

Titel der Originalausgabe *Reincarnation Explored*,
The Theosophical Publishing House, Wheaton, IL., USA

2., überarbeitete Auflage 1996

Aus dem Englischen von Hank Troemel

Umschlaggestaltung Markus Müller, unter Verwendung des
Bildes "Paradise Tree" von Tartu Peltonen.
Mit freundlicher Genehmigung

ISBN 3-927837-56-3

INHALT

Vorwort

Die Reinkarnation sollte weder dogmatisch noch als erwiesene Tatsache angenommen werden. Wollte man über den stratigraphischen Zustand der Erdkruste oder auch über ein Rezept zur Herstellung von Karamelpudding reden, dann könnten Experten zu Rate gezogen werden, Geologen oder Köche. Jedenfalls Menschen, die durch Studium oder Erfahrung Wissen über Erdschichten beziehungsweise Pudding haben - Experten mit Fachwissen. Natürlich können auch sie sich irren; die geologische Forschung mag neue Wege gehen, Theorien über die Entstehung von Gebirgen können zu neuen Erkenntnissen führen, und selbst dem besten Koch mag bisweilen ein Fehler unterlaufen. Nichtsdestoweniger irren sie sich in ihren Spezialgebieten weniger als Laien. Ihre Schulung und Erfahrung verdienen unsere Aufmerksamkeit, wenn sie sich über ihre Fachgebiete äußern.

Aber wer oder was ist ein Reinkarnationsexperte? Wer wird generell als Spezialist auf diesem Gebiet anerkannt? Sicherlich gibt es Menschen, die behaupten, sich durch Studium und persönliche Erfahrung mit diesem Gebiet besonders vertraut gemacht zu haben. Doch das Wissen, das sie behaupten zu haben, kann weder an der Universität noch durch Rezepte erworben werden. Es ist ein Wissen anderer Art. Und deshalb findet es keine generelle Anerkennung wie etwa naturwissenschaftliche Kenntnisse oder Kochkünste. In diesem Sinne gibt es also keine Reinkarnationsfachleute.

Trotzdem gibt es eine umfangreiche Literatur über dieses Gebiet. Auch bei Presse und Fernsehen kommt das Thema nicht zu kurz. Einerseits gibt es Bücher, die weitgefächert Beweismittel für die Reinkarnation als Tatsache bringen. Andere Bücher gibt es, die diese Beweismittel kritisch betrachten und ablehnen. Nicht gering ist auch die Anzahl der Memoiren bekannter Persönlichkeiten, die den Glauben ihrer Verfasser an Reinkarnation darlegen. Die Vorstellung der Wiedergeburt ist, letztlich, für weite Kreise unserer Gesellschaft immer noch etwas seltsam. Trotzdem kann man sagen, daß die allgemeine Aufmerksamkeit und das Interesse an der Reinkarnation immer größer werden.

Wie aber kann jemand die Unerschrockenheit besitzen, noch ein Buch über dieses Thema zu schreiben, für das es keine Experten und wissenschaftlichen Beweise gibt? Im vorliegenden Buch werden keine Beweise für oder gegen die Reinkarnation aufgeführt, sondern es präsentiert einen Überblick über die verschiedenen Argumente und eine kohärente Darstellung einer bestimmten Betrachtungsweise des gesamten Komplexes.

Dieses Buch vermittelt eine theosophische Betrachtungsweise der Reinkarnation. Wohlgemerkt "eine", nicht "die" theosophische Betrachtungsweise, denn es gibt keine theosophischen Dogmen. Tatsächlich gibt es in der theosophischen Literatur verschiedene, sehr voneinander abweichende Erklärungen und Darstellungen der Reinkarnation und wie sie funktioniert. Aber es herrscht weitgehende Übereinstimmung, warum es sie gibt und welchen Platz sie im Gesamtbereich des menschlichen Lebens einnimmt. Voneinander abweichende Beschreibungen sind keineswegs befremdlich, denn es ist eine theosophische Grundeinstellung, verschiedene Standpunkte als partielle Aussagen über die Wahrheit anzusehen - in der Annahme, daß eine einzelne Aussage oder Darstellung niemals die vollständige Wahrheit auszudrücken vermag.

Beweise, Erklärungen, Zeugnisse

Die Tatsache der Reinkarnation könnte beweisbar und experimentell nachvollziehbar sein, wenn wir empirische Mittel besäßen, um sie zufriedenstellend zu untersuchen. Es gibt diese Mittel jedoch nicht und somit ist Reinkarnation eine Sache der Metaphysik, ein Bestandteil unserer grundlegenden Annahmen über die Funktionsweise der Welt. In diesem Buch betrachten wir mehrere empirische Fragestellungen über die Reinkarnation - aber in jedem Fall basiert der Ansatz auf dem theosophischen Weltbild, auf einer theosophischen Metaphysik.

Obschon Vorstellungen über Reinkarnation nicht in der gleichen Weise wie solche über Stratigraphie oder Kuchenbacken "bewiesen" werden können, können sie doch durch zu dieser Vorstellung passende Methoden getestet werden. Zum Beispiel können wir fragen, ob sie eine zufriedenstellende Erklärung für die uns umgebende Welt liefert. Und, wenn Reinkarnation eine Tatsache ist, könnte sich die Frage stellen, ob sie dann andere, rätselhafte Lebenserscheinungen erklären kann. Enthält der Gedanke Widersprüchliches, ist er plausibel? Paßt er gut in unsere Kenntnis der Welt, unsere Vorstellung vom Leben? Handelt es sich um eine klare und einleuchtende Idee? Positive Antworten auf solche Fragen können als eine Art Beweismittel für die Wahrheit der Reinkarnation gelten. Man mag einwenden, daß derartige Beweismittel vor einem Gericht wertlos wären. Das stimmt zwar, aber uns geht es um etwas anderes, nämlich um intellektuelle Überzeugungen, nicht um juristisch fundierte Wahrheiten. Ein sehr großer Teil unseres Wissens über die Welt und unser Leben beruht auf eben solchen intellektuellen Überzeugungen, für die es hauptsächlich diese nicht-juristische Art von Beweisen gibt. In der Wissenschaftsphilosophie gibt man solchen Beweisen hochklingende Bezeichnungen wie Empirische Angemessenheit, Folgerichtigkeit, Systematik und Simplizität. Aber letztlich geht es uns doch darum, wie problemlos sich unsere feste Überzeugung in den Gesamtkomplex jener anderen Überzeugungen einfügen läßt, die sich als anwendbar und zufriedenstellend herausgestellt haben. Nur darauf basiert unsere Gewißheit über alle wichtigen Lebensfragen.

Auf den folgenden Seiten werden Informationen und Dokumentationen über die Reinkarnation aus verschiedenen Quellen angeführt. Es sind dies keine Tatsachen, sondern lediglich Hypothesen über das menschliche Leben. Sollten diese Gedanken beim Leser keinen Anklang finden, sollten sie nicht einen Sinn von Folgerichtigkeit vermitteln oder sollten sie gar sein Gefühl für Vernunftgemäßes verletzen, dann wird - und sollte - er sie zurückweisen. Wenn sie jedoch einleuchtend sind, wenn sie plausible und befriedigende Erklärungen für wenigstens einen Teil seiner Lebensprobleme vermitteln, dann mag sich der Leser entschließen, sie wenigstens vorläufig zu akzeptieren, um selbst herauszufinden, worin ihre mögliche Bedeutung liegt. Wer so vorgeht, wird erkennen, daß diese Ideen sehr gut zu vielen anderen passen, die in ihrer Gesamtheit das darstellen, was bisweilen die Weisheitstraditionen oder, in ihrer modernen Form, Theosophie genannt wird.

Informationsquellen

Die Informationen über die in diesem Buch vorgestellten Ideen sind von großer Vielfalt. Sie fußen teilweise auf Untersuchungen konventionell ausgebildeter Wissenschaftler. Ihre Forschungen wurden so exakt durchgeführt, wie ihr Gegenstand dies zuließ. Ein Teil dieser Untersuchungen befaßt sich mit den Erfahrungen klinisch Toter, die wiederbelebt wurden und Eindrücke vom Sterbevorgang schildern konnten. Andere Untersuchungen befassen sich mit Fällen spontaner Erinnerung an frühere Leben, besonders von Kindern, wobei die Genauigkeit erinnerter Einzelheiten nachgeprüft und bewiesen werden konnte. Weitere Untersuchungen betreffen Fälle von durch Hypnose herbeigeführten Erinnerungen, den "Zurückführungen" in frühere Leben.

Ein weiterer Teil der in diesem Buch geschilderten Vorstellungen basiert auf Forschungen durch natürliche oder geschulte Hellseher, die imstande zu sein behaupten, Wirklichkeitsebenen oder -aspekte wahrzunehmen, die den normalen Sinnen nicht zugänglich sind. Edgar Cayce, der im Trancezustand "Lesungen über vergangene Leben" (und verschiedene andere Arten von "Lesungen") mitteilte, ist ein solcher Hellseher. Ein anderer ist Charles Webster Leadbeater, ein Kleriker und Erforscher des Übersinnlichen. Er führte seine Untersuchungen bei vollem Bewußtsein durch und benutzte dazu Wahrnehmungskräfte, von denen er behauptete, sie seien latent in jedem Menschen vorhanden, jedoch nur in wenigen Fällen durch intensive Schulung aktiviert worden. Solche hellseherischen Forschungen müssen mit Vorsicht, wenn nicht Skepsis behandelt werden; nicht weil Hellsehen betrügerisch ist (bisweilen ist es das), sondern weil hellseherische Wahrnehmung ihrem Wesen nach höchst subjektiv ist. Sie ist infolge der Art der wahrgenommenen Dinge sowie des hohen Maßes an Beeinflussung durch die Geistesverfassung des Hellsehers und seine Erwartungen leichter dem Irrtum unterworfen als normale Wahrnehmungen.

Dem Gegenstand dieses Buches liegen generell die Lehren der Religionen Indiens zugrunde, in denen Reinkarnation zu den Grunddoktrinen gehört. Diese Religionen umfassen den Hinduismus, Buddhismus, Jainismus und Sikhismus. Es wird nicht der Versuch unternommen, detailliert die Unterschiede in den Reinkarnationslehren dieser oder anderer Religionen zu untersuchen. Innerhalb des Komplexes der Rückkehr zur physischen Geburt in dieser Welt gibt es verschiedene Konzepte darüber, welcher Bestandteil von uns wiedergeboren wird, wie die Wiedergeburt vor sich geht und in welchen Zeitabständen sie stattfindet, was sich zwischen Tod und Wiedergeburt abspielt usw. Eine vergleichende Studie über reinkarnationistische Konzepte wird Gegenstand eines weiteren Buches sein. Auf den folgenden Seiten wird nicht die spezifische Lehre irgendeiner spezifischen Religion dargelegt, sondern der den Religionen zugrunde liegende generelle Begriff.

Eine besondere Quelle für die Ideen dieses Buches sind die Überlieferungen von Lehren, die in verschiedenen Formen zu verschiedenen Zeiten der Menschheitsgeschichte in der ganzen Welt gelehrt worden sind: diese Quelle ist die Weisheitstradition. In technologisch einfachen Kulturen erscheinen diese Lehren als einfache Formen des Schamanismus. In geistig höher entwickelten Kulturen erschienen sie als Taoismus in China, Vedanta in Indien, Vajrayana in Tibet, Gnostizismus in der klassischen Welt des Mittelmeerraumes, als Kabbalismus bei den Juden, Sufismus bei den Moslems und unter verschiedenen anderen Namen. Einige dieser Ausdrucksformen der Weisheitstraditionen sind historisch und in ihrer kulturellen Übermittlung miteinander verbunden. Sie finden ihre besondere Darstellung weitgehend durch örtlich gebundene Ausdrucksformen von Impulsen, einem Wissen und einer der menschlichen Psyche innewohnenden Betrachtungsweise der Welt. Dieses innere Wissen (vergleichbar dem Begriff des kollektiven Unbewußten von C. G. Jung) findet zwar seinen Ausdruck in den besonderen, zeitlich und örtlich variierenden kulturellen Mustern, ist jedoch in allen erkennbar übereinstimmend.

Wir können das Wesen der im menschlichen Unbewußten schlummernden Archetypen durch das Studium ihrer Ausdrucksformen in Literatur, Mythologie, Kunst und Träumen erkennen. Ebenso ist es möglich, das Wesen der unter der Oberfläche vorhandenen Weisheitstraditionen zu erkennen, indem wir ihre Erscheinungsformen in jenen religiösen und philosophischen Systemen untersuchen, die offensichtlich untereinander Verwandtschaft aufweisen. Reinkarnation ist ein Teil dieser Weisheitstradition. Und wir können durch das Studium der jeweiligen historischen Manifestationen dieser Tradition einiges über die Wirklichkeit der Reinkarnation erfahren.

Danksagung

Wie bei jeder anderen Arbeit bin ich auch bei der Arbeit an diesem Buch vielen zu größerem Dank verpflichtet, als ich jemals abgelten kann. Alle Menschen, die zu diesem Werk beigetragen haben, verdienen meine tiefste Dankbarkeit. Es sind zu viele, um sie alle aufzuzählen. Immerhin gibt es einige, die besondere Beiträge beigesteuert haben und nicht unerwähnt bleiben dürfen: John Kern, der sowohl seinen Enthusiasmus zur Verbreitung theosophischen Gedankenguts als auch seinen Computer zur Erstellung des Manuskripts zur Verfügung stellte; Lilian Storey, die mich durch Material aus der Bibliothek der Theosophischen Gesellschaft in England unterstützt hat; und Collyn Boyce, der mich gebeten hatte, für einen unerwartet ausgefallenen Redner bei der Theosophischen Gesellschaft in London einzuspringen und - da ich mit dem angekündigten Thema nicht vertraut war - mir erlaubte, über Reinkarnation zu sprechen.

Besonderer Dank gebührt Dora Kunz und Clarence Pedersen für ihre konstruktiven Kommentare zu der Erstausführung des Manuskripts. Ferner danke ich verschiedenen Freunden, deren detaillierte und einleuchtende Kommentare dieses Buch entschieden verbesserten, und zwar: Edward Abdill, Geoffrey Farthing, Virginia Hanson, Joy Mills, Shirley Nicholson, E. Lester Smith, Carl Stillman und Renée Weber. Da ich nicht imstande war, alle ihre Anregungen zu verarbeiten, ist das Buch zweifellos nicht so gut wie es hätte sein können.

Und für meine Frau Adele, die in jedem Stadium Hilfe leistete und ohne die nichts zustande gekommen wäre, gibt es nicht genügend Worte des Dankes.

1.

Was ist Reinkarnation?

Vor einiger Zeit warb eine amerikanische Brauerei für ihr Bier mit dem Slogan: "Genieße das Leben - Du lebst nur einmal!" Dies ist eine Variante des Themas *carpe diem* - "Nutze den Tag", ein Ausdruck des Glaubens, daß es kein "Morgen" gibt, daß nach diesem Leben alles vorbei ist. Stimmt das? Leben wir nur einmal? Oder doch mehrmals? Absolvieren wir vielleicht einen Kreislauf von vielen Leben?

Als Reinkarnation bezeichnen wir die Überzeugung, daß wir nicht nur ein Leben, sondern viele haben - in der Tat Leben auf Leben, und zwar hier auf Erden. Die Reinkarnation beinhaltet den Glauben, daß unser derzeitiges Leben nicht unser erstes ist, und daß beim körperlichen Tod ein Teil von uns ohne diesen physischen Körper weiterexistiert, bis dieser Teil zur physischen Erde und in einen neuen, sich entwickelnden

Körper, zurückgezogen wird, um einen weiteren Lebenszyklus zu beginnen. Auf diese Weise er-leben wir ein Leben nach dem anderen, machen Erfahrungen, lernen, streben, bis unser Erdenlauf beendet ist und wir alle Weisheit erworben haben, die in dieser Welt erfahren werden kann. Reinkarnation ist ein Konzept, über das, was geschieht, wenn wir sterben.

Tod und Überleben

Nach einem alten Spruch sind die einzig sicheren Dinge im Leben Tod und Steuern. Manche Menschen schaffen es aber durchaus, keinerlei Steuern zu zahlen. Jedoch dem Tod entgeht niemand. W. Somerset Maugham erzählt die Parabel von einem Knecht auf dem Marktplatz von Bagdad, der inmitten der Menge den Tod erblickte. Er war so erschrocken, daß er zu seinem Brotherrn eilte und diesen um ein Pferd bat, mit dem er nach Samarra reiten wollte, weil der Tod ihn dort nicht finden würde. Nachdem er ihm das Pferd geliehen hatte, begab sich der Dienstherr auf den Marktplatz, traf den Tod und fragte ihn: "Warum hast du meinen Diener heute morgen erschreckt?" Der Tod antwortete: "Ich hatte nicht die Absicht, ihn zu erschrecken, ich war nur überrascht, ihn hier in Bagdad zu sehen, denn ich habe heute abend eine Verabredung mit ihm in Samarra".

Obwohl der Tod unvermeidlich ist, ist er nicht zwangsläufig endgültig. In der ganzen Welt haben Menschen allerorten und - soweit wir wissen - zu allen Zeiten daran geglaubt, daß es etwas in uns gibt, das den Tod überlebt. Nicht alle Menschen haben daran geglaubt, oder glauben es heutzutage, doch existiert in praktisch allen Kulturen ein solcher Glaube. Insgesamt hat die Menschheit die Überzeugung gewonnen, daß der Tod nicht das Ende bedeutet. In manchen Zivilisationen, wie der ägyptischen, war das Überleben nach dem Tod ein zentrales Thema der Religion und der gesamten Gesellschaft: Der Tod war Mittelpunkt des Lebens. Grabbeigaben deuten auf einen Glauben an das Überleben bei primitiven

Völkern hin. Die Neandertaler in Europa begruben ihre Toten in fötaler Stellung, was auf die Erwartung schließen läßt, daß die Verstorbenen in einem anderen Leben wiedergeboren werden. Auch im Christentum sind Überleben und Auferstehung wichtige Themen. In den meisten Religionen gibt es Lehren von einem Leben nach dem Tod.

Ein so weltweiter Glaube ist bemerkenswert und bedarf einer Erklärung. Natürlich könnten wir auf den Gedanken kommen, daß die Menschheit einer Selbsttäuschung unterliegt, daß unsere Furcht vor dem Nichts uns kollektiv zu dieser umfassenden Täuschung verleitet hat. Dann wäre unser Glaube an ein Überleben nach dem Tod ein Abwehrmechanismus, der uns gegen die unerfreuliche Aussicht des Verschwindens im Nichts schützt. So manche Zeitgenossen sind zu dieser Schlußfolgerung gekommen.

Andererseits könnten wir uns zu der Einsicht entschließen, daß etwas, das zu allen Zeiten von allen Völkern geglaubt wurde, möglicherweise richtig ist. Vielleicht haben die Menschen einen kollektiven Eindruck von der Wirklichkeit - haben ein Wissen erworben, das nicht auf unsere normalen Sinneswahrnehmungen zurückgeht - und dieser Eindruck, dieses Wissen wird in dem weitverbreiteten Glauben unserer Mitmenschen deutlich, daß wir auf irgendeine Weise die Erfahrung des Todes überleben. Die Schlußfolgerung des Weiterlebens nach dem Tod ist mindestens ebenso logisch wie die Annahme, die gesamte Menschheit sei einer gigantischen Massentäuschung verfallen.

In seinem Buch *A Matter of Personal Survival* untersucht Michael Marsh die Frage, ob persönliches Überleben auf rein naturalistischer Grundlage, also durch logische Beweisführung, glaubwürdiger erscheinen könnte als unter Berücksichtigung religiöser oder metaphysischer Lehren. Er kommt zu dem Schluß, daß das Beweismaterial zugunsten des Überlebens gegenüber dem Beweismaterial, das dagegen spricht, bei weitem überwiegt. Er sagt: "Ein Nachleben ist nicht nur eine Zukunftsmöglichkeit für die Menschen, sondern ist höchst plausibel. Unsere Untersuchungen rechtfertigen den Glauben an das Überleben." (S. 177).

Aber auch ohne Logik oder Philosophie ins Spiel zu bringen, gibt es Menschen, die behaupten, daß sie nicht logische Schlüsse ziehen, sondern mit unumstößlicher Sicherheit den Tod erfahren haben und daß sie sich klar an diesen Zustand und darauffolgende Erlebnisse erinnern. Es finden auch in der westlichen Welt immer mehr Personen Beachtung, die todesähnliche Zustände durchstanden oder jedenfalls sehr ähnliche Erfahrungen gemacht haben, diese überlebten und nach ihrer "Rückkehr" darüber berichteten. Andere haben eine hohe visionäre Kraft, hellseherische Fähigkeiten, die ihnen Einblicke in den Zustand nach dem Tod gewähren.

Die Weisheitstradition (Theosophie) behauptet ebenfalls, ein Wissen über diese Dinge zu besitzen; ein Wissen, das aus alten Zeiten überliefert wurde und periodisch neu formuliert und dargelegt wird. Aufgrund einer dieser Traditionen haben die Tibeter eine *ars moriendi* - die Kunst des Sterbens - entwickelt, die wesentlicher Bestandteil ihrer Religion ist. Sie ist aufgezeichnet im *Tibetischen Totenbuch*. In den folgenden Kapiteln wird näher auf diese Behauptungen unmittelbaren und traditionellen Wissens eingegangen.

Wenn wir erst einmal die Annahme akzeptieren, daß wir mit dem Tod nicht aufhören zu existieren, sondern irgendwie weiterleben, dann gibt es nur zwei mögliche Formen einer solchen Existenz. Die eine ist eine Existenz in einem Zustand oder in einer Welt, die sich von unserer gegenwärtigen unterscheidet. Zu dieser Annahme neigen die westlichen Religionen. Im Gegensatz dazu wird angenommen, daß wir in diese Welt zurückkehren und einen neuen Körper von der gleichen Art wie dem gegenwärtigen annehmen, daß wir also wiedergeboren werden. Diese Annahme entspricht den religiösen und philosophischen Traditionen des Ostens.

Reinkarnation ist zwar ein typisches Merkmal des Ostens, doch keineswegs auf ihn beschränkt. Tatsächlich glauben Menschen in der ganzen Welt - im Osten wie im Westen - an Reinkarnation; wir werden im zweiten Kapitel darauf zurückkommen. In Wirklichkeit ist Reinkarnation keineswegs exotisch. Obgleich viele Menschen befremdet reagierten, als vor mehr als hundert Jahren die Theosophische Gesellschaft in Europa und Amerika diese Auffassung zu verbreiten begann, hat es tatsächlich im Westen also schon immer eine Glaubensströmung gegeben, die die Wiederverkörperung einschloß.

Verschiedene Auffassungen von Reinkarnation

Vielerlei Ausdrücke wurden benutzt, um unsere Wiederaufnahme eines irdischen Körpers nach dem Tod darzustellen. Reinkarnation ist die klarste und bekannteste Bezeichnung und kommt deshalb auch hier generell zur Anwendung. Andere Ausdrücke werden im Anhang dieses Buches erklärt.

Es gibt nicht nur viele Namen für Reinkarnation und die damit zusammenhängenden Konzepte, sondern auch zahlreiche Glaubensvarianten an wiederholte Erdenleben, von den einfachsten und naivsten bis zu den differenziertesten philosophischen Konstrukten. Eine der naivsten Vorstellungen ist die, daß wir nach eigener Wahl von einem Leben in ein anderes wechseln, sei es als Mensch, als Kanarienvogel, als Pferd, als Mücke, als Rose o. ä. Das ist die volkstümliche Vorstellung von Reinkarnation, etwa entsprechend dem naiven Glauben an einen Himmel mit goldenen Toren und harfespielenden Engeln.

Obschon in manchen Varianten der Wiederverkörperungslehre - zum Beispiel in vielen Schulen des Buddhismus - behauptet wird, Menschen könnten als Tiere wiedergeboren werden, bekundet die theosophische Überlieferung, daß der Gedanke an eine Reinkarnation im Tier eher symbolisch zu verstehen ist. Sie stellt die Reinkarnation als Teil eines großen Entwicklungsprozesses des Bewußtseins dar. So wie sich durch genetische Mutationen Formen entfalten, wie das Tauglichste überlebt und eine Spezies sich konsequent ihrer Umgebung anpaßt, ebenso entwickelt sich das Bewußtsein durch wiederholte Inkarnationen in einer Vielzahl von Lebensformen. Und ebensowenig wie sich eine Giraffe zu einem Baum entwickeln kann oder eine Rose zu einer Schneeflocke, können die Lebensenergien, die das Bewußtsein dieser Formen ausmachen, rückwärts gehen. Hat das Bewußtsein einmal die menschliche Stufe erreicht, dann kann es nie wieder eine frühere Gestalt beleben.

Theosophisch gesehen ist das Bewußtsein ein großer Strom, der eine Vielzahl von Kanälen (die mineralischen, Pflanzen-, Tier-, Menschen- und andere Formen) durchfließt. Wie das Wasser eines Stromes stets dem Meer entgegenfließt und nicht wieder zurückkehrt, so entfaltet sich in gleicher Weise das Bewußtsein erst durch die niederen Lebensformen, dann durch die Pflanzen-, das Tier-, das Menschenstadium zu immer höheren Daseinsformen. Sobald das Bewußtsein den Sprung vom Tierreich zum Menschlichen hinter sich hat, kann es nicht mehr zurück. Es gibt keine Rückkehr.

Karma und Reinkarnation

Philosophisch ist Reinkarnation mit *Karma* verknüpft. *Karma* bezeichnet den Glauben an ein moralisches Gesetz, das das Reich des Bewußtseins ebenso beherrscht, wie physikalische Gesetze das materielle Universum beherrschen. Das Wort *Karma* (das "Handeln" bedeutet) stammt aus dem Sanskrit, aber der Gedanke ist weltweit verbreitet. Er kommt in der christlichen Bibel zum Ausdruck: "Irret euch nicht! Gott läßt sich nicht spotten. Denn was der Mensch säet, das wird er ernten." (*Galater* 6,7). *Karma* ist der Glaube, daß jede von uns begangene Tat unausweichliche Konsequenzen hat. Früher oder später müssen wir die Folgen all unseres Tuns auf uns nehmen - wenn nicht in diesem Leben, dann im nächsten.

Auch ist *Karma* ein Begriff, der symbolisch, naiv oder philosophisch betrachtet werden kann. In einfacher Form können wir uns *Karma* als eine Art kosmisch-spiritueller Bilanzaufstellung vorstellen, in der unsere guten und schlechten Taten aufgeführt sind, die eines Tages mit angelaufenen Zinsen zurückgezahlt werden müssen (oder wie den Weihnachtsmann, der immer weiß, ob wir brav oder böse waren). In dieser einfachen Form bedeutet *Karma* Belohnung oder Bestrafung.

In vielen östlichen Philosophien, besonders im Jainismus und Buddhismus, hält man *Karma* für eine Bürde, die man loswerden soll. Es ist die Last, die uns an diese Welt voll Kummer und Leid fesselt und an die Tretmühle der Reinkarnation kettet. Nach dieser Auffassung ist jedes *Karma*, sei es schmerzlich oder angenehm, von übel, weil es uns an die Welt der Materie bindet. Andere westliche und östliche Auffassungen - besonders die theosophische - weichen weit davon ab. Sie verknüpfen *Karma* und Reinkarnation mit den Begriffen von Evolution und Fortschritt als Mittel, durch die das Bewußtsein zur Selbstverwirklichung gelangt. Für uns persönlich hat es nicht die Bedeutung von Strafe oder Belohnung, sondern von Herausforderung und Chance. Unser derzeitiger Zustand ist das eigenverantwortliche Resultat von Handlungen aus früheren Leben. Und unsere Reaktionen auf derzeitige Lebensumstände bestimmen wiederum die Zustände unseres nächsten Lebens. *Karma* ist aber nicht ein Schicksal, das uns einfach auferlegt wird; es ist vielmehr die Voraussetzung für die selbstbestimmte Gestaltung unseres Lebens durch Anwendung unseres freien Willens. Und somit haben wir jetzt die Möglichkeit, unsere Zukunft selbst zu bestimmen.

Reinkarnation und *Karma* sind eng miteinander verbundene Begriffe. Nach theosophischer Auffassung führt ihre Wechselwirkung zur Evolution des Bewußtseins. *Karma* ist das Gesetz, nach dem wir uns selbst formen, wobei jede unserer Handlungen zur Gestaltung unseres künftigen Charakters und unserer Lebensumstände beiträgt. Reinkarnation bedeutet unser wiederholtes Eintauchen in diese Welt auf der Suche nach Erfahrungen, um uns dem alten *Karma* zu stellen und neues auszulösen. Während wir uns so durch die Zeit bewegen, durch die Zeitalter des Universums, geleitet von dieser zweifachen Motivierung, sind wir Teil der Evolution des Bewußtseins. Sie, lieber Leser, ich, das gesamte Menschengeschlecht, wir sind kleine Episoden in der allumfassenden, mächtigen Woge der Evolution. Doch jede Episode ist insgesamt wichtig. Jeder von uns ist ein Glied in der Kette des Lebens, und jedes Glied dieser Kette ist unerläßlich.

Eine Antwort

Wir haben gesehen, daß es mehrere Antworten gibt auf die Frage: Was ist Reinkarnation? Einerseits bedeutet Reinkarnation wiederholte Geburten einer Seele in neuen menschlichen Körpern, andererseits ist sie der Weg, auf dem das Bewußtsein wächst und sich entwickelt. Sie ist das geistige Äquivalent der evolutionären Anpassung an äußere Lebensbedingungen. Durch sie haben wir Gelegenheit zum Lernen, ist uns die Möglichkeit gegeben, Erfahrungen durch Freude und Leid zu machen, zu wachsen und zu werden, und zu entdekken, wer und was wir wirklich sind.

2.

Wer glaubt an Reinkarnation?

Reinkarnation ist ein Glaube, den wir gewöhnlich mit den großen Religionen und Philosophien Indiens in Zusammenhang bringen, insbesondere mit denen der Hindus und Buddhisten, doch auch der Jains und Sikhs. Der Glaube an Reinkarnation ist in den Traditionen des indischen Subkontinents allgegenwärtig, findet sich aber auch in der übrigen Welt in Ost und West seit uralten Zeiten bis auf den heutigen Tag. Diese Auffassung von Leben und Tod ist das Erbgut eines jeden, der bereit ist es zu akzeptieren.

Östliche und westliche Geschichtsbegriffe

Die östlichen Kulturen neigen zur Annahme eines zyklischen Verlaufs der Weltgeschichte, wonach sich alles Leben spiralförmig abspielt, nie an die gleiche Stelle zurückkehrt, sondern nur zur gleichen Art des Daseins. Gewissermaßen ähnelt das Leben einer großen Quadrille, in der die Tänzer sich hin und her bewegen, aneinander vorbei ständig ihre Positionen wechseln, bis sie am Schluß des Tanzes die ihnen zukommende Stellung wieder eingenommen haben, obwohl sich das gesamte Muster der Tänzer verschoben hat. Eine zyklische Lebensauffassung bestärkt natürlich den Glauben an die Reinkarnation. Wenn wir zu wiederholten Malen in die Welt geboren werden, ist das Menschenleben Teil des großen kosmischen Tanzes; es fügt sich ihm harmonisch ein und ist sinnvoll.

Der Westen hingegen wurde bis vor kurzem von einer linearen Geschichtsvorstellung beherrscht. In einfachen Worten ausgedrückt, besagt die orthodoxe Auffassung des Christentums, daß Gott die Welt aus dem Nichts schuf und daß diese Welt dann nach dem Alten Gesetz der Patriarchen und Propheten ablief, bis Christus erschien und das neue Gesetz verkündete, nach dem die Kirche das Geschehen bestimmt bis zu seiner Wiederkunft und dem Ende der Welt. Vom Anfang bis zum Ende wird Weltgeschichte als geradlinig gesehen - ähnlich einer Autobahn, die die Ebenen kurvenlos durchquert ohne das geringste Hindernis, das ihr Verschwinden am Horizont verdecken könnte. Eine solche Anschauung ist nicht empfänglich für Reinkarnation.

Als Historiker im Westen die Weltanschauungen der menschlichen Kulturen erarbeiteten, übernahmen sie die lineare Einstellung der Kirche. Und so wurde die Weltgeschichte dargestellt als beginnend mit den Zivilisationen des Altertums, gefolgt von Mittelalter, Renaissance und Neuzeit. Letztere schloß das Wachstum von Naturwissenschaft und Technik ein. Diese Anschauung sollte als Alternative zur religiösen Vorstellung gelten, doch bediente sie sich der gleichen Ausdrucksweise und zeigte die gleichen Mängel.

Problematisch an der linear ablaufenden Geschichte der Menschheit - sowohl der kirchlichen als auch der weltlichen - ist die Nichtbeachtung von allen, die sich außerhalb der Linie bewegen; beide linearen Versionen schließen also den größten Teil der Menschheit aus. Wer weder Jude noch Christ oder

Europäer ist, paßt nicht in diese Gerade und wird ignoriert, selbst wenn dies den größten Teil der Menschheit betrifft. Die lineare Einstellung ist einschränkend und ethnozentrisch.

Gewiß gab es auch im Westen die zyklische Betrachtungsweise. Einige Physiker der Neuzeit sind der Ansicht, daß sich das Universum immerwährend ausdehnt und zusammenzieht - ein oszillierendes Weltall, das letztlich zyklisch ist. Der Historiker Arnold Toynbee, ein gläubiger Christ, sah den Gesamtablauf der Geschichte als eine Reihe von Aufstiegen und Niedergängen menschlicher Kulturen, ein riesiges zyklisches Muster. Auch in früheren Zeiten hatten viele im Westen eine zyklische Lebensauffassung, die dem Glauben an Reinkarnation zugänglich ist. Tatsächlich war bereits in der Frühzeit westlicher und christlicher Zivilisation ein Glaube an Reinkarnation vorherrschend als Alternative zu der christlichen Doktrin des einen Lebens.

Christentum, Weisheitstradition und Reinkarnation

Der Theologe Geddes MacGregor argumentiert, daß Reinkarnation keineswegs unvereinbar mit dem Christentum sei. Er hält sie für eine vernünftige Interpretation des christlichen Lebens nach dem Tod und auch des Fegefeuers, jener Doktrin, nach der wir in irgendeiner Welt die Konsequenzen unserer schlechten Taten auf uns nehmen müssen. Ferner ist er der Meinung, daß bereits in vergangenen Zeiten die Reinkarnation Teil des nichtkirchlichen, undoktrinären Glaubens mancher Christen war und in keinem Widerspruch zum Kern der christlichen Lehre steht.

Die frühesten Christen glaubten an die Notwendigkeit, das Evangelium vor dem Untergang der Welt zu verbreiten, den sie täglich erwarteten. Infolgedessen hatten sie wenig Zeit für Spekulationen über das nächste Leben. Nachdem jedoch klar geworden war, daß Jesus während dieser ersten Christengeneration nicht zur Erde zurückkehren würde, begannen sie, sich Gedanken über die Zukunft zu machen. Wissen um die Reinkarnation war damals im gesamten Mittelmeerraum verbreitet, was den frühen Christen nicht verborgen geblieben sein kann. Solche Gedanken waren von Pythagoras und Plato verkündet und von zahlreichen griechischen und römischen Philosophen akzeptiert worden.

Auch die Evangelien enthalten Hinweise, daß frühe Christen die Wiedergeburt zumindest als Möglichkeit angenommen hatten. Ein solcher Hinweis ist die Geschichte über die Ratlosigkeit der Jünger Jesu, die es für ungerecht hielten, daß ein Mensch blind zur Welt gekommen war. Sie fragten Jesus: "Meister, ist es jener, der gesündigt hat oder waren es seine Eltern, daß er blind geboren wurde?" Diese Frage wäre sinnlos, wenn die Jünger der Meinung gewesen wären, daß die menschliche Seele mit ihrem irdischen Körper erschaffen wird. Sie hat nur dann Sinn, wenn es für möglich gehalten wurde, daß wir schon vorher gelebt haben, und zwar in einer Welt wie dieser, wo wir sündigen und die Konsequenzen in einem nächsten Leben zu tragen haben.

Einer der größten Kirchenväter des dritten christlichen Jahrhunderts, Origenes, sagte mit Bestimmtheit, daß Seelen existieren, bevor sie in dieses Leben geboren werden; vermutlich lehrte er eine Form der Reinkarnation. Wir haben keine Gewißheit über die genaue Art seiner Lehre, denn seine Schriften wurden zensiert und ausgemerzt, und zwar nicht nur von seinen Freunden, die ihn vor Verfolgung schützen wollten. Die Lehren des Origenes, eines sanften, heiligen Mannes, gerieten in die Verstrickungen der Kirchenpolitik und hundertfünfzig Jahre nach seinem Tod wurden seine Schriften von einem Kirchenkonzil verdammt. Die frühen kirchlichen Konzile und die politischen Machenschaften, die damit zusammenhingen, waren jedoch so verworren, daß wir keine Gewißheit haben, ob die Reinkarnationslehre jemals als für Christen ungeeignet erklärt wurde.

Manche Christen hielten am Reinkarnationsglauben fest, auch wenn sie verfolgt wurden. Die berühmtesten unter ihnen waren die Albigenser oder Catharer, im elften Jahrhundert in Südfrankreich und Norditalien lebende Häretiker, die Vegetarier waren und sich der Herrschaft der Kirchenhierarchie über den Laienstand widersetzten. Die Hingabe der Albigenser an Gewaltlosigkeit, Pazifismus, Keuschheit und Freiheit angesichts klerikaler Tyrannei brachte ihnen die Bewunderung der Massen und die ständige Feindschaft des Klerus ein. Als Bekehrungsversuche erfolglos blieben, ließ die Kirche sie durch die Inquisition verfolgen und hatte sie gegen Ende des vierzehnten Jahrhunderts so gut wie ausgerottet.

Die Gemeinde der Albigenser verwirklichte die Weisheitsüberlieferung, deren Anfänge sich in den Nebeln der Vorzeit verlieren und die durch alle Zeiten in verschiedenen Formen erhalten geblieben war. Die Lehren der Albigenser - einschließlich die der Reinkarnation - hatten nicht mit ihnen begonnen und gingen nicht mit ihnen zugrunde. Tatsächlich finden sich ähnliche Lehren sowohl im jüdischen Glauben als auch im Islam - den anderen Religionen der Heiligen Schrift. Im Judaismus gibt es Hinweise auf Reinkarnation in Unterweisungen innerhalb der kabbalistischen Überlieferung und in einer ihrer modernen Ausdrucksformen, dem Hasidismus. In diesen jüdischen Traditionen ist die Reinkarnation unter dem hebräischen Ausdruck *gilgul* bekannt. Im Islam schließt der Sufismus, der sich mit der esoterischen Bedeutung und Auslegung des Koran befasst, die Reinkarnationslehre ein.

Obwohl Reinkarnation hauptsächlich für die mystischen und esoterischen Zweige der großen westlichen Religionen - die Albigenser, die Kabbalisten und die Sufis - kennzeichnend war, gab es doch auch Kirchenmänner, die diese Lehre nicht zurückwiesen. Maud Gonne war aktiv in der irischen Politik tätig und inspirierte einige der bedeutendsten Dichtungen von William Butler Yeats. In ihrer Autobiographie schreibt sie, daß sie von einem französischen Priester gefragt wurde, warum sie nicht katholisch sei. Sie antwortete: "Weil ich an Reinkarnation glaube. Ich glaube, daß ich schon früher in dieser schönen Welt gelebt habe. Manche Menschen, denen ich begegne, sind mir so gut bekannt, daß ich schon im voraus weiß, was sie sagen werden". Der Priester, ein weiser, verständnisvoller Mann, antwortete: "Die Seele kommt von Gott und kehrt geläutert zu

Gott zurück; und wer kennt die Stadien ihrer Reinigung? Es mag möglich sein, daß sich manche Seelen auf dieser Erde zu läutern vermögen".

In ähnlicher Weise hat Quincy Howe Jr. eine wohldurchdachte Studie über die Reinkarnation für den Christen verfaßt, in der er Ideen über die Wiedergeburt sowohl aus indischen als auch aus platonischen Überlieferungen aufgriff und sie im Licht theologischer und metaphysischer Vorstellungen des orthodoxen Christentums verteidigte. Sein Werk, wie auch das des bereits erwähnten Geddes MacGregor bezeugen, daß einige der heutigen christlichen Theologen bereit sind, die Reinkarnation zu akzeptieren.

Bekannte Persönlichkeiten

Zu allen Zeiten wurde Inkarnation gelehrt, oft von Gruppen, die außerhalb der dominierenden Kultur des Westens standen, aber auch von einzelnen, häufig wohlbekannten Persönlichkeiten. Giordiano Bruno, der Philosoph des sechzehnten Jahrhunderts, der wegen seiner liberalen Anschauung verbrannt wurde, unterstützte die Lehre der Reinkarnation ebenso wie der moderne italienische Patriot Guiseppe Mazzini. Unter den Dichtern, Schriftstellern und Künstlern, die an Wiederverkörperung glaubten, waren Johann Wolfgang von Goethe, Ralph Waldo Emerson, Henry David Thoreau, Edward Bulwer-Lytton, Richard Wagner, Dante Gabriel Rossetti, Sir Rider Haggard, Sir Arthur Conan Doyle, Rudyard Kipling, Jack London, Gustav Mahler, Leo Tolstoi, J. B. Priestley, John Masefield, William Butler Yeats, Salvatore Dali und viele andere. Auch der britische Premierminister David Lloyd George, Napoleon Bonaparte, Thomas Edison, Henry Ford und die deutschen Philosophen Lessing, Herder und Schopenhauer - alle waren Reinkarnationisten. Die Liste der Namen könnte weitergeführt werden.

Sylvia Cranston, die zunächst mit Joseph Head und später Carey Williams zusammenarbeitete, veröffentlichte in drei

Büchern Einzelheiten über den unter den Völkern der Erde weit verbreiteten Glauben an Reinkarnation, in denen sie Aussprüche berühmter Persönlichkeiten über die Wiedergeburt zitierte. Diese Bücher können jeden in Erstaunen versetzen, der geglaubt hatte, daß nur Exzentriker den Gedanken an Wiedergeburt akzeptieren. Reinkarnation ist weder exotisch noch nutzlos. Der Gedanke wurde und wird noch heute in allen sozialen Schichten in der ganzen Welt aufrechterhalten.

Ein Maßstab für die Vertrautheit mit der Reinkarnation ist ihr Gebrauch in populären Formen der Unterhaltung. Mitte der sechziger Jahre fand das Broadway-Musical *On a Clear Day You Can See Forever* von Alan J. Lerner großen Beifall. Im Mittelpunkt steht ein Psychotherapeut, der posthypnotische Suggestion benutzt, um das Zwangsverhalten der jungen Daisy zu behandeln, die unbeholfen ist und unter akuten Minderwertigkeitsgefühlen leidet. Sie hat große psychische Gaben (z. B. spricht sie mit ihren Pflanzen, deren phänomenales Wachstum beachtlich ist). Im Lauf der Behandlung führt der Therapeut sie zufällig in eine ihrer früheren Inkarnationen, in der sie eine schöne, selbstbewußte Frau des achtzehnten Jahrhunderts namens Melinda war.

Der Therapeut ist verblüfft über die Verwicklungen dieser Rückführung und fasziniert von der Persönlichkeit Melindas, in die er sich verliebt, obwohl er für die bedauernswert ordinäre Daisy weder Respekt noch Interesse zeigt. Daisy ihrerseits ist geschmeichelt über die Wichtigkeit, die sie für den Therapeuten hat und verliebt sich in ihn, um dann der bitteren Tatsache gewahr zu werden, daß er sich nur für die unterbewußte Melinda interessiert. Wie alle guten Musicals nimmt auch dieses ein glückliches Ende, indem Daisy jene vom Arzt (und vom Zuschauer) geschätzten Eigenschaften annimmt, ohne ihre eigene Identität aufzugeben.

Das Bemerkenswerte an diesem Musical ist, daß darin Reinkarnation als Angelpunkt benutzt wird, um den sich das Geschehen dreht. In einem Interview zu diesem Stück bemerkte Lerner: "Jemand fragte mich, ob *On a Clear Day You Can See Forever* eine Fantasie sei, weil es die Möglichkeit der

Reinkarnation einbezieht, und ich erwiderte: 'Nein, es ist keine - zumindest für fünfhundert Millionen Inder nicht'". (Stewart 100).

Auf der Bühne, im Film, in Romanen und autobiographischen Büchern bekannter Persönlichkeiten wie Shirley MacLaine - kurz, in belletristischen, populärwissenschaftlichen und anderen Literatur- und Unterhaltungsgattungen hat seit geraumer Zeit eine offene Anerkennung der Reinkarnation begonnen. Sie ist ein durchaus modernes Thema. Sicherlich macht dieses allgemeine Interesse die Reinkarnation nicht zur Tatsache, doch zeigt es, daß eine einst bizarre Idee allmählich zum Gemeinplatz werden kann. Diese Popularität macht offensichtlich, wie groß der Drang von Millionen Menschen nach Gewißheit über ein Leben nach dem Tod ist, ebenso wie die Bereitwilligkeit, sich mit der Reinkarnation auseinanderzusetzen. Und das ist neu in unserer Kultur.

Menschen wie du und ich

Auch Menschen, die nicht im Rampenlicht stehen, bekennen sich in zunehmendem Maße zum Glauben an Reinkarnation. Im Jahre 1985 ergab eine Gallup-Umfrage unter amerikanischen Jugendlichen, daß 27 Prozent der Befragten "das östliche Religionskonzept der Reinkarnation akzeptierten, daß also die Seele nicht in einen Himmel oder eine Hölle wandern, sondern in einem anderen Wesen fortleben würde". Die Tatsache, daß mehr als ein Viertel der jungen Generation Amerikas an Reinkarnation glaubt, läßt die Vermutung zu, daß in künftigen Jahren der eingewurzelte Gedanke, dieser Glaube sei dem Westen fremd oder zumindest eine Ausnahme, aufgegeben werden muß.

Die allgemeine Akzeptanz der Reinkarnation ist weiter verbreitet, als man sich vorgestellt haben mag. Meinungsumfragen durch Gallup, die in den frühen achtziger Jahren durchgeführt worden waren, (Gallup und Proctor's *Adventures in Immortality* (130, 176-78)) ergeben, daß 23 Prozent der befragten US-Erwachsenen an Reinkarnation glauben. Der größte Prozentsatz derer, die sich zur Reinkarnationsidee bekennen, setzt sich aus Jugendlichen und Stadtbewohnern zusammen, der niedrigste aus Alten und Landbewohnern. Diese bevölkerungsstatistischen Tatsachen lassen darauf schließen, daß der Glaube an Reinkarnation zunimmt und immer mehr an Einfluß gewinnt.

Wer glaubt an Reinkarnation? Ziemlich viele Menschen: Schriftsteller und Musiker, Politiker und Philosophen, Erfinder und Industrielle, Schauspieler, der Mann und die Frau auf der Straße, Christen, Juden und Moslems, Hindus ebenso wie Buddhisten. Es ist sehr gut möglich, daß auch jemand in Ihrer Nachbarschaft dazugehört. Oder jemand in Ihrem Haus. Vielleicht sogar Sie selbst?

3.

Löst Reinkarnation Lebensrätsel?

Warum akzeptieren so viele Menschen die Reinkarnation als Tatsache oder zumindest als Wahrscheinlichkeit? Aus welchen Gründen glaubt man an wiederholte Erdenleben? Gewiß glauben dies viele Leute, vor allem Hindus und Buddhisten, weil sie in einer Zivilisation aufgewachsen sind, in der Reinkarnation ein Faktum ist. Es ist die unreflektierte Akzeptanz einer Idee.

Aber auch außerhalb der traditionellen Reinkarnationskulturen akzeptieren heutzutage viele Menschen diesen Gedanken. Wieso überzeugt er sie? Es gibt zwei Begründungen dafür, eine Idee für wahr zu halten. Die eine besteht darin, daß die Idee eine vernünftige Erklärung für Dinge gibt, die wir beobachtet haben oder von denen wir einfach wissen, daß sie wahr sind. Die andere stützt sich auf tatsächliche Beweise für ihre Richtigkeit.

Wir glauben z. B., daß es das Gesetz der Schwerkraft gibt. Ein Grund für diesen Glauben liegt darin, daß es eine vernünftige Erklärung dafür bietet, daß Menschen auf der entgegengesetzten Erdoberfläche nicht herunterfallen. Ein weiterer Grund läßt sich durch ein einfaches Experiment beweisen. Wenn wir einen Apfel aus einem Fenster im zweiten Stock eines Hauses halten und loslassen, wird er, wenn Schwerkraft eine Tatsache ist, herunterfallen - und er fällt.

In diesem Kapitel befassen wir uns mit einem der beiden Gründe des Glaubens, daß Reinkarnation Lebensrätsel erklärt. Nachdem wir im folgenden Kapitel einige Einwände erörtern, werden wir in den Kapiteln 5 bis 8 die zweite Begründung des Glaubens untersuchen, die bereits erwähnten nachprüfbaren Bezeugungen. Die verschiedenen, den Glauben an Reinkarnation bekräftigenden Gründe sind nicht alle gleich überzeugend; für manche Lebensrätsel gibt es gewiß andere und bessere Erklärungen. Hier jedenfalls werden sieben typische Begründungen aufgeführt.

Déjà vu

Die meisten Menschen haben einmal die Erfahrung gemacht, daß sie sich an einen Ort oder einen Menschen erinnern, den sie noch nie gesehen hatten. Ein merkwürdiges Gefühl: Sie gehen in eine Unterhaltung vertieft irgendwo hin, und plötzlich überwältigt Sie das Gefühl, daß Sie genau da schon einmal waren oder das gleiche Gespräch mit dem gleichen Menschen geführt hatten. Dieses Gefühl dauert gewöhnlich nur einen Augenblick und vergeht dann wieder; es läßt sie in der gewohnten Welt zurück, verwirrt von dem, was sich gerade abgespielt hat. Häufig haben Kinder ein solches Erlebnis, doch verblaßt es mit dem Heranwachsen.

Die Erfahrung, "schon einmal hier gewesen zu sein", wird oft mit dem französischen Ausdruck *Déjà vu* bezeichnet, was wörtlich heißt: "schon gesehen". Es gibt eine aus dem Griechischen stammende Bezeichnung für ein solches Erlebnis, die wissenschaftlicher klingt, nämlich *Paramnesia*, was bedeutet:

Nebenher-Erinnerung. Psychologen haben viele Erklärungen für dieses sonderbare Erlebnis, es wird aber auch vermutet, daß es auf Reinkarnation zurückzuführen sein könnte. Im *Déjà vu* könnten wir eine flüchtige, doch echte Erinnerung an einen Ort, einen Menschen oder ein Erlebnis aus einer früheren Inkarnation haben.

Déjà vu ist aber kein überzeugendes Argument für die Reinkarnation. Es ist jedoch überzeugend als Argument für Friedrich Nietzsches 'ewige Wiederkehr' (siehe Appendix). Aber es gibt einfachere Erklärungen. *Déjà vu* mag nur ein Trick psychischer Wahrnehmung sein oder ein gelegentliches Anzapfen des Gedächtnisses der Natur, der *Akasha*-Aufzeichnungen (6. Kapitel).

Neigungen

Allgemeiner und verbreiteter als *Dejà vu* ist unsere Empfänglichkeit für gewisse Dinge. Die meisten von uns haben irrationale Zuneigungen und Abneigungen: wir reagieren z. B. mit spontaner Furcht oder schließen spontan Freundschaft. Wir begegnen jemandem zum ersten Mal, doch es scheint, als seien wir alte Freunde, die sich wiedergetroffen haben. Oder irgend etwas Belangloses, wie das Überqueren einer Brücke, mag ein Gefühl der Panik in uns auslösen. Es scheint keine logische Erklärung für derartige Reaktionen zu geben: sie tauchen plötzlich auf.

Reinkarnation erklärt solche Empfänglichkeiten oder Neigungen als vage erinnerte Reaktionen auf Dinge, Menschen und Ereignisse in vergangene Leben. Der neue Bekannte, der uns wie ein alter Freund vorkommt, mag wirklich ein sehr alter Freund aus längst vergangenen Leben sein. Die unvernünftige Furcht beim Überschreiten einer Brücke kann das Echo eines traumatischen Erlebnisses sein - eines Unfalls oder eines Kampfes - in das wir auf einer anderen Brücke in einem früheren Leben verwickelt waren. Vielleicht ist das, was wir für instinktive Reaktionen halten, in Wirklichkeit eine Sensibilität gegenüber unserer eigenen Vergangenheit.

So etwas wie individuelle Prädisposition kann sich auch in gigantischem Ausmaß zeigen, ganze Völker und Zivilisationen erfassen und sich in der Geschichte manifestieren. Die englisch sprechenden Völker des heutigen Großbritannien und der Vereinigten Staaten ähneln in mancher Hinsicht den Bürgern des antiken Rom. Es fand das gleiche Wachstum aus bescheidenen provinziellen Anfängen statt, der gleiche Aufbau eines weitreichenden Imperiums, das unterschiedliche Völker und Kulturen erfaßte, die gleiche Kombination von militärischer Macht und kommerziellem Scharfsinn, das gleiche technische Können beim Straßenbau usw. Während des Ablaufs der Geschichte scheint es Zeiten gegeben zu haben, in denen ein Volk oder eine historische Periode die kulturellen Vorbilder eines anderen Volkes oder einer Epoche reflektiert. In der Geschichte der Nationen gibt es wiederkehrende Muster.

Es wird vermutet, daß scheinbare historische Wiederholungen sich damit erklären lassen, daß eine große Zahl von Seelen, die in einer früheren Geschichtsepoche zusammen gelebt hatten, sich nun zur gleichen Zeit in der gleichen Nation wiederverkörpern. Reinkarnationsforscher behaupten, daß wir nicht zufällig wiedergeboren werden; sobald wir dazu bereit sind, 'fallen' wir nicht in einen zufällig verfügbaren Körper. Vielmehr werden wir angezogen von Menschen, mit denen wir früher schon gelebt hatten. Wenn dies zutrifft, nimmt es nicht wunder, daß Seelen dazu neigen, sich 'zusammenzuballen', um zur gleichen Zeit und am gleichen Ort wiedergeboren zu werden wie andere, mit denen sie in früheren Leben enge Bande geknüpft hatten.

In unserem Beispiel würde das moderne Anglo -Amerika Rom ähneln, weil Engländer und Amerikaner wiedergeborene Römer wären mit den gleichen Tugenden und den gleichen Lastern, aber mit der neuen Gelegenheit, vieles besser zu machen.

Individuelle Unterschiede

Besonders bemerkenswert am Menschen sind unsere individuell unterschiedlichen Charakteristiken. Zwei Kinder der gleichen Eltern, die im gleichen Haushalt aufwachsen, können völlig verschieden voneinander sein. Umgebung und Erbgut der beiden Kinder mögen gleich sein, doch ihre Entwicklung verläuft unterschiedlich.

Ein amerikanischer Professor erzählt eine Geschichte über seine Tochter, die etwas getan hatte, das ihn ärgerte. Nachdem er sie deshalb zur Rede gestellt und gefragt hatte, woran es läge, daß sie so unartig sei, blickte sie ihn an und seufzte: "Was glaubst du, Papa - Umwelt oder Vererbung?"

In der westlichen Zivilisation neigen wir zu der Annahme, daß alles mit diesen beiden Faktoren erklärt werden kann - Erziehung und Natur. Unserer Ansicht nach sind wir ausschließlich durch die von unseren Vorfahren vererbten Gene oder unsere Erziehungs- und Lebensumstände geprägt. Und aufgrund dieser dichotomischen Erklärungen menschlichen Verhaltens glaubte das Mädchen, ihren Vater in die Enge getrieben zu haben. Was immer sie auch falsch gemacht hatte, - es war keineswegs ihr Fehler, sondern Vererbung oder umweltbedingt.

Dichotomien sind jedoch häufig falsch. Bei zwei Teilwahrheiten gibt es gewöhnlich eine dritte Möglichkeit. Und das gilt auch für Umwelteinflüsse und Vererbungen. Wenn Reinkarnation eine Tatsache ist, dann gibt es zusätzlich zu diesen zwei Faktoren zur Erklärung unseres Charakters einen dritten. Zwar sind wir das, was wir sind, aufgrund von vererbten Genen und durch den Einfluß der Außenwelt. Doch gibt es noch andere Faktoren wie Zu- und Abneigungen, die wir aus einem früheren Leben übernommen haben. Wir sind was wir sind *wegen* unserer in vergangenen Leben begangenen Taten. Der buddhistische Fachausdruck für unsere aus früheren Leben in uns vorhandenen Zu- und Abneigungen heißt *Skandhas*. Sie sind die Früchte unseres Tuns aus allen unseren früheren Inkarnationen.

Extreme Beispiele, die dem Einfluß der *Skandhas* zuzuschreiben sind, sind das Genie und der *Idiot savant*.. Genius, das heißt außergewöhnliche, ureigene Befähigung, bekundet sich häufig sehr früh im Leben. Mozart spielte als Dreijähriger Harfe, mit vier Jahren komponierte er, und mit sechs ging er auf Tourneen. Ähnlich spielte und komponierte Haydn mit sechs, Mendelssohn mit neun. Coleridge las die Bibel als Dreijähriger. Im gleichen Alter begann John Stuart Mill Griechisch zu lernen, als Achtjähriger hatte er bereits Xenophon, Herodot und Plato gelesen. Tennyson und Goethe schrieben Gedichte, als sie acht waren, und Lope de Vega diktierte als Fünfjähriger seine Verse, da er noch nicht schreiben konnte. Charlotte Brontë, ihre Schwestern und ihr Bruder verfaßten Schauspiele und führten sie auf, sobald sie lesen gelernt hatten. Sonja Henie war mit zehn die norwegische Spitzeneiskunstläuferin und mit fünfzehn Weltmeisterin. Norbert Wiener begann mit elf zu studieren und erwarb mit achtzehn einen Doktortitel an der Havard Universität. Gewiß spielen Umwelt und Vererbung eine Rolle bei der Manifestation solch frühreifer Fähigkeiten, doch können sie sie nicht erklären.

Andere Genies beginnen langsamer und entfalten ihre außergewöhnlichen Fähigkeit erst später. Albert Einstein und Winston Churchill wurden in ihrer Kindheit für ganz gewöhnliche, nicht besonders kluge Schüler gehalten: doch Churchill wurde der bekannteste Premierminister, den England jemals hatte; und Einsteins Ideen veränderten das physikalische Weltbild und führten zu tiefgreifenden praktischen Konsequenzen. Ein theoretisches Genie wie Einstein oder ein praktisches wie Thomas Alva Edison entziehen sich jeder Erklärung. Es trifft zu, daß Edison sagte, Genie bestehe zu einem Teil aus Inspiration und zu neun Teilen aus Perspiration. Doch noch immer bedarf die Inspiration ebenso wie die Perspiration einer Erklärung.

Ein sehr eigenartiger Zustand ist der des *Idiot savant* (ein französischer Ausdruck zur Bezeichnung eines begabten Schwachsinnigen), eines geistig Zurückgebliebenen, der auf einem bestimmten Gebiet phänomenal begabt ist. Ein britisches Fernsehprogramm zeigte 1987 drei Knaben, alle mit unentwickelter Lernfähigkeit. Sie waren autistisch (das heißt pathologisch introvertiert und ohne Zugang zur Wirklichkeit) und wiesen Gehirnschäden und schwere Sprachschäden auf. Doch jeder von ihnen besaß eine bemerkenswerte Fähigkeit, die kaum im Bereich der Möglichkeiten normaler Menschen liegt. Einer von ihnen hatte ein nahezu perfektes Hörgedächtnis für Musik. Er war nicht imstande, Noten zu lesen, konnte aber selbst die schwierigsten Kompositionen aufnehmen und auf dem Klavier mit fast perfekter Genauigkeit wiedergeben. Sein musikalisches Gedächtnis stand auf dem Niveau Mozarts. Der andere war ein Kalenderrechner. Nannte man ihm das Datum irgendeines vergangenen oder zukünftigen Jahres, konnte er den Wochentag nennen, auf den dieses Datum fallen würde - oder umgekehrt konnte er mit spielerischer Leichtigkeit eine Liste von Jahren produzieren, in denen ein bestimmtes Datum, z. B. der 18. März, auf einen bestimmten Wochentag, z. B. den Dienstag, fallen würde. Er errechnete diese Information rascher als ein Mathematiker mit Hilfe einer Rechenmaschine. Der dritte konnte detaillierte Bauzeichnungen mit fachmännischer Genauigkeit erstellen, nachdem er ein Gebäude nur wenige Minuten betrachtet hatte.

Eine mögliche Erklärung für Genies und Wunderkinder sowie die außergewöhnlichen Fähigkeiten der *Idiots savant* ist die, daß solche Menschen die Auswirkungen von Fähigkeiten zeigen, die sie in einer Reihe von Leben entwickelt haben, in denen sie sich einem Gebiet, wie etwa der Musik oder den Naturwissenschaften, gewidmet hatten. Umwelt und Vererbung müssen für das Wirken des Genies günstig sein. Unterschiede in diesen beiden Faktoren mögen die Erklärung dafür sein, daß manche außergewöhnlich begabte Menschen als Wunderkinder und andere erst als Erwachsene ihre Genialität erkennen. Nach theosophischer Anschauung ist die schmerzliche Zurückgebliebenheit des *Idiot savant* eine karmische Beschränkung, die mit einer außergewöhnlichen Fähigkeit verbunden sein kann, aber nicht muß. Umwelt und Vererbung können weder außerordentliche Talente noch abnorme Mängel voll erklären. Die *Skandhas* eines Menschen, die erhalten gebliebenen Nachwirkungen von Taten vergangener Leben sind eine logische Begründung beider Zustände.

Zyklen

Überall sehen wir Zyklen in der Natur und im Menschenleben: die Kreisläufe von Tag und Nacht, der Mondphasen, der Gezeiten, der Jahreszeiten, der Sonnenflecke, der Eiszeiten, das Vorrücken der Tag- und Nachtgleichen, der Ausdehnung und Zusammenziehung des Universums selbst, wie es einige Kosmologen annehmen; und beim Menschen die Zyklen des Herzschlages und des Pulses, des Atems, der Temperaturschwankungen, von Schlaf- und Wachzuständen, Hunger, Menstruation und die Zyklen aller Biorhythmen. Die gesamte Natur scheint sich in Wiederholungsmustern zu bewegen.

Wenn der Gebrauch von Analogien eine gültige Form des Argumentierens ist, dann können wir auch Lebens- und Todeszyklen voraussetzen. Das Konzept Reinkarnation beinhaltet, daß die Erfahrungen von Geburt und Tod nur zwei Punkte in einem größeren natürlichen Zyklus sind. Wissenschaftler haben nach einer großen, einheitlichen Feldtheorie gesucht, die es möglich machen würde, alle bekannten, die Materie lenkenden Gesetze in einem einzigen generellen Prinzip zusammenzufassen. Der Wunsch nach einem einzigen, alle Dinge erklärenden Prinzip und der Glaube, daß es ein solches geben muß, ist ein im Menschenverstand verwurzeltes Charakteristikum. Es nimmt daher nicht wunder, daß wir angesichts der unzähligen Kreisläufe um uns herum vermuten, daß auch unsere persönliche Erfahrung von Leben und Tod dem Zyklismus unterworfen ist. Bei der Betrachtung des zyklischen Aspekts der Reinkarnation dürfen wir nicht übersehen, daß *Tod* ein doppelsinniges Wort ist. Wir gebrauchen es sowohl für das *Ereignis* des Todes, als auch für den *Zustand* während der einen Hälfte des Zyklus. Für Ereignis und Zustand auf der anderen Hälfte des Zyklus gibt es verschiedene Wörter: Geburt und Leben. Das folgende Diagramm soll diesen Unterschied verdeutlichen:

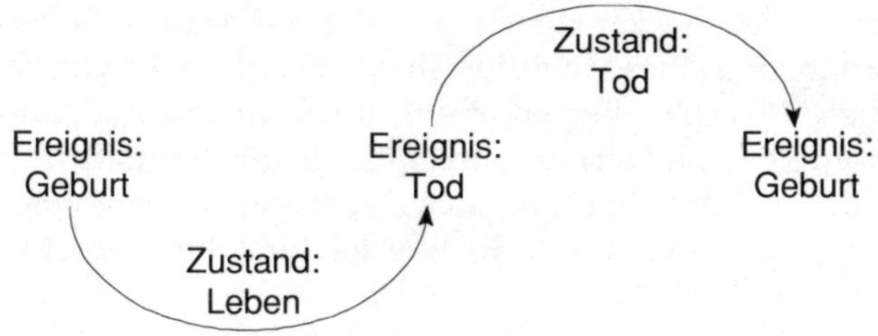

Der Reinkarnationszyklus

Unsere Sprache verführt uns zu der Annahme, unsere Existenz sei eine unwiederholbare, dreiteilige Erfahrung: Geburt - Leben - Tod. Wenn jedoch Reinkarnation eine Tatsache ist, dann existiert in Wirklichkeit eine vierteilige, wiederkehrende Erfahrung, wie sie das Diagramm zeigt. Mit dem Ereignis der Geburt beginnt der Zustand des Lebens, das Ereignis des Todes beendet den Zustand des Lebens, doch es steht gleichzeitig am Anfang des (nach-todlichen Zustands, der seinerseits in ein neues Geburtsereignis übergeht. Wir sollten uns nicht durch die Beschränkungen unserer Sprache in die Enge treiben lassen, durch das, was als der 'Kerker der Sprache' bezeichnet worden ist. Die Art und Weise, wie eine bestimmte Sprache die Wirklichkeit wiedergibt, reflektiert nicht unbedingt die wahre Realität.

Das Problem der Gerechtigkeit

Wie kommt es, daß es den Bösen gut geht und Tugendhafte leiden? Warum kommt ein unschuldiges Kind mit einem deformierten Körper zur Welt? Was bringt einem guten Menschen Unglück und Leid? Wenn Gott - wie im jüdisch-christlichen Glauben - gut und allmächtig ist, warum erlaubt er die Existenz des Bösen und unverdientes Leid?

Die Reinkarnationslehre konstatiert, daß das Auftreten von Ungerechtigkeit in der Welt Folge unseres beschränkten Wissens und unserer fehlenden visionären Kraft ist. Wenn wir an Stelle eines einzigen Lebenslaufs die ganze Reihe der Inkarnationen eines Menschen mit den Wirkungen von *Karma* auf diese Abläufe sehen könnten, würde uns einleuchten, daß vollkommene und strikte Gerechtigkeit alle Ereignisse leitet. Unordnung herrscht im Bereich der Moral ebensowenig wie in der physischen Welt. So wie letztere dem Gesetz von Ursache und Wirkung unterworfen ist, so beherrscht das unumstößliche Karmagesetz die Folgen jeder von uns getroffenen Wahl. Der Tod ist nur eine kurze Unterbrechung der Auswirkungen dieses Gesetzes und seiner Konsequenzen, welche von einem Leben auf das nächste übertragen werden und so das gesamte Dasein eines Menschen in dieser und allen anderen Welten umfassen.

Wenn Sie ein kleines Ladengeschäft betreiben, erwarten Sie sicherlich nicht, tagtäglich Profit zu machen. An manchen Tagen werden die Ausgaben höher sein als die Einnahmen; vielleicht müssen Sie hohe Rechnungen bezahlen, um Ihre Vorräte aufzustocken, oder Sie haben wenig Kunden. Doch die Verluste dieses einen Tages bedeuten noch nicht, daß Sie Ihr Geschäft sofort schließen und Bankrott erklären müssen. Wichtig ist lediglich, daß Sie nicht allzu oft rote Zahlen schreiben und letztendlich über lange Perioden für Ausgleich sorgen. Auch nach der Weisheitstradition sind unsere karmischen Konten nicht schon am Ende eines jeden Lebens ausgeglichen, sondern erst im Laufe mehrerer Inkarnationen.

Für viele Menschen ist Reinkarnation die einzige befriedigende Erklärung für die scheinbaren Ungerechtigkeiten des Lebens. Wenn man voraussetzt - wie das die Religionen gemeinhin ja tun - daß im Universum Gerechtigkeit waltet, läßt sich die Schlußfolgerung, Reinkarnation sei eine logische Notwendigkeit, schwerlich umgehen. Selbstverständlich gibt es Menschen, die das Walten von Gerechtigkeit in der kosmischen Ordnung verneinen und behaupten, eine solche Annahme sei nichts als Wunschdenken und Religion sei das Opium des Volkes. Eine solche metaphysische Einstellung ist jedoch keineswegs logischer als ihr Gegenteil, daß nämlich vollkommene Gerechtigkeit die Welt regiert. Und diese Annahme ist pragmatisch eine bessere Lebensgrundlage.

Sicherlich fühlen sich viele Menschen von der Reinkarnation angezogen, weil sie die wirksamste Erklärung für Sinn und Zweck des Lebens gibt. Eine Lebensspanne ist eindeutig nicht ausreichend, um alles zu lernen, was uns das Erdenleben zu lehren vermag. Sie reicht nicht aus, um das volle Maß an Freude und Leid auszukosten, die das Leben zu bieten hat. Wiederholte Erdenleben geben uns die Möglichkeit, im nächsten Leben nachzuholen, was wir während des jetzigen versäumt haben. Sie geben uns die Hoffnung, daß wir Gelegenheit haben, alle Bereiche des Lebens in vollem Ausmaß zu erfahren und dadurch unser Potential voll zu entfalten.

Die Doktrin einer einzigen Lebensspanne für jeden macht uns zu kleinen, verlorenen Wesen inmitten eines radikal fremden, immensen und geradezu antagonistischen Universums. Nach dieser Ansicht sind wir vorbeihuschende Lichtpunkte in der Finsternis, kurz aufleuchtende Funken, verloren in den unerquicklichen Tiefen des Raumes. Die Reinkarnationslehre hingegen sagt aus, daß wir Teil eines großen, geordneten Planes physisch-intellektuell-spiritueller Entfaltung sind, der sich aus den Uranfängen der Dinge auf ein Endstadium der Vollkommenheit hin bewegt.

Der Begriff der Unsterblichkeit und 'des Lebens in der kommenden Welt' ist im traditionellen Christentum zwar ein zentrales Thema, aber doch recht unklar. Ein Theologe bezeichnete diese Vorstellung als 'den verworrensten Aspekt der christlichen Theologie' (MacGregor, *Reincarnation as a Christian Hope*, IX). Viele Christen betrachten die überlieferten Auffassungen über das Leben nach dem Tode - endlose Bestrafung in der Hölle oder endlose Lobgesänge im Himmel - mit Zurückhaltung. Solche herkömmlichen Begriffe über das Leben nach dem Tod bieten ja auch keine attraktiven oder einleuchtenden Aussichten. Reinkarnation gibt dem Gedanken an Unsterblichkeit Sinn. Wenn wir nach dieser Inkarnation nochmal ein Leben führen sollen, warum dann nicht genau hier, wo wir bisher gelebt haben? Und unter welchen Umständen würde unser Leben wahrscheinlicher ablaufen als unter jenen, die wir in der Vergangenheit selbst ausgelöst haben? Der Möglichkeiten in dieser Welt gibt es viele. Reinkarnation bietet uns Gelegenheit, sie alle auszuprobieren und zu Ende zu führen, was wir begonnen haben.

Reinkarnation vermag zahlreiche Lebensrätsel zu lösen - große und kleine, doch ist das allein noch kein Beweis für ihre Tatsächlichkeit. Aber die von ihr gebotene Erklärung ist ein pragmatischer Grund, sie als Wirklichkeit zu akzeptieren. Wir werden jetzt jedoch auf die Einwände zu sprechen kommen, die gegen die Wahrscheinlichkeit ihrer Existenz und gegen die verifizierbaren Zeugnisse für ihr Vorhandensein erhoben werden.

4.

Einwände

Der Gedanke an Reinkarnation wird oft ohne viel Überlegung zurückgewiesen. Häufig gerade von denjenigen, die sich etwas darauf einbilden, rationale Denker zu sein. Sie lehnen sie mit derart vehementer Intensität von vornherein ab, daß man glauben könnte, die Reinkarnation wäre eine bedrohliche Herausforderung für ihre Vorurteile. Wenn Reinkarnation eine Tatsache ist, dann müßte eine ganze Reihe anderer allgemeingültiger Begriffe über die Welt überprüft und ohne Zweifel revidiert werden. Reinkarnation ist also eine Herausforderung für verschiedene, generell akzeptierte religiöse und philosophische Weltanschauungen.

Der Herausforderung, die Reinkarnation für engstirnige - ob nun fundamentalistisch christliche oder dogmatisch materialistische - Theorien darstellt, wird mit Gegenargumenten begegnet, die gewisse Einwände als maßgebend beinhalten, die jedoch nichts dergleichen sind. Einer von vielen ist unser mangelndes Erinnerungsvermögen an frühere Leben, ein anderer die Bevölkerungsexplosion.

Fehlendes Erinnerungsvermögen

Der erste Einwand besagt, daß wir uns doch erinnern müßten, wenn wir bereits früher gelebt hätten. Das ist ein sehr unüberlegter Einspruch, denn einerseits ist es gar nicht so sicher, daß wir uns nicht an frühere Leben erinnern. Es ist durchaus möglich, daß wir uns ganz allgemein erinnern, durch die Neigungen und Fähigkeiten, die wir aus früheren Leben mitgebracht haben. Außerdem gibt es Menschen, die sich ganz spezifisch ihrer vergangenen Inkarnationen entsinnen. In einem späteren Kapitel wird detaillierter darauf eingegangen, wie wir uns früherer Leben erinnern und an was wir uns erinnern.

Der Einwand des mangelnden Erinnerungsvermögens hat noch weitere Schwächen. Wenn das, woran wir uns nicht erinnern, auch niemals geschah, wurden die meisten von uns nie geboren und hatten keine Kindheit; meine Telefonnummer von vor zehn Jahren existierte nie; die Rechnung, die ich gestern mitnahm, um sie zu bezahlen, existiert nur in der Einbildung meiner Frau. Das Gedächtnis ist von notorischer Unzuverlässigkeit. Nicht nur vergessen wir ständig Dinge, die geschehen sind, sondern wir entsinnen uns auch anderer Dinge, die nie stattgefunden haben. Ich muß einen Brief schreiben und überlege mir während des morgendlichen Rasierens, was ich schreiben will, werde dann aber von Geschehnissen des Tages abgelenkt. Ein paar Wochen später wirft mir mein Bekannter vor, ich hätte seinen letzten Brief nie beantwortet, worauf ich ihm erwidere: "Aber ich habe doch darauf geantwortet; ich erinnere mich genau, was ich geschrieben habe!" Erinnerung ist ein schlechtes Beweismittel.

Es ist in der Tat unmöglich, alle unsere früheren Inkarnationen zu 'behalten'. Schon allein eine vollständige Erinnerung an die Ereignisse unseres gegenwärtigen Lebens wäre ein Fluch. Lückenlose Erinnerung aller trivialen Alltagserlebnisse würde zu einem heillosen Durcheinander unseres Verstandes führen. Vergeßlichkeit kann ein Segen sein. Sie ist sogar unerläßlich, wenn wir Tag für Tag wirksam funktionieren wollen - was wir vergessen, ist ebenso wichtig wie das, woran wir uns erinnern wollen. Wenn das schon für eine einzige Lebensspanne zutrifft, dann sicherlich um so mehr für eine ganze Serie vergangener Inkarnationen.

Würden wir uns nur der wichtigsten Begebenheiten unserer - sagen wir - letzten zwanzig Inkarnationen erinnern, was würde das bedeuten? Es gäbe zwanzig Individuen, vierzig Eltern, zwanzig oder mehr Ehegatten, zwanzig mal Kinder (im ganzen so etwa sechzig bis einhundert), zwanzig oder mehr Berufe, mindestens zwanzig verschiedene Sprachen, Bräuche und vieles mehr. Und wieviel Verantwortung? Wie könnten wir dies alles aufrechterhalten und von den Ereignissen des gegenwärtigen Lebens trennen? Wüßte ich, daß meine Tochter oder mein Sohn aus meinem vorletzten Leben im gegenwärtigen meine Frau oder mein Mann ist, würde das unsere Beziehungen nicht ziemlich irritieren? Und wenn ich von Zeit zu Zeit das Geschlecht gewechselt hätte, wie es die Reinkarnationisten behaupten, wären dann in diesem Leben Erinnerungen an frühere geschlechtliche Beziehungen nicht störend? Wie könnten wir mit einer so ungeheuren Vielzahl von Erinnerungen fertig werden? Für die meisten von uns reinigt die Natur in ihrer Weisheit am Anfang eines jeden neuen Lebens die Tafel der spezifischen Erinnerungen. Wir müssen einen neuen Anlauf nehmen.

Tatsächlich sollten wir auch gar nicht erwarten, daß bestimmte Erinnerungen von einem Leben auf das nächste übertragen werden. Die Theosophie lehrt, daß wir in jedem Leben eine neue Persönlichkeit entwickeln, die sich im physischen Körper jeder Inkarnation entfaltet. Möglicherweise werden unsere Erinnerungen nicht im Gehirn aufbewahrt (Gedächtnis ist in der Tat ein großes Mysterium), jedoch ist das Gehirn zweifellos am Prozeß der Aufbewahrung und des Anzapfens unserer Erinnerungen beteiligt. Wenn unser Gehirn aufgehört hat zu funktionieren und unser Körper sich in seine Bestandteile aufgelöst hat, hört auch unsere Persönlichkeit auf zu existieren. Hellseher berichten, daß die Persönlichkeit und die damit verbundenen spezifischen Erinnerungen den Tod des Körpers nicht lange überleben. Was von einer Inkarnation in die nächste übergeht, sind die allgemeinen Fähigkeiten, Neigungen und karmischen Impulse, die *Skandhas* genannten Faktoren (3.Kapitel). Auf die Frage, was denn reinkarniert, wird im 9. Kapitel ausführlicher eingegangen. Hier möge die Feststellung genügen, daß es nicht die Persönlichkeit ist - die in jedem Leben neu gestaltet wird - und auch nicht das mit dieser Persönlichkeit verknüpfte Erinnerungsvermögen.

Die Bevölkerungsexplosion

Ein weiterer häufig geäußerter Einwand ist der, daß die Bevölkerungsexplosion die Reinkarnation ausschließt. Im Jahre 1973 wurde die Weltbevölkerung auf 3 860 000 000 Menschen geschätzt. Würde sie sich pro Jahr nur um 2 Prozent vermehren, wäre sie in 35 Jahren doppelt so hoch. Woher sollen so viele Seelen kommen?

Die Zahlen an sich spielen keine Rolle; wichtig ist das Prinzip des Bevölkerungswachstums. Immerhin ist es wichtig zu wissen, daß die Schätzungen der gegenwärtigen Erdbevölkerung eben nichts anderes sind als - Schätzungen. Im Grunde genommen wissen wir nicht, wieviele Menschen gegenwärtig unseren Planeten bewohnen; ebensowenig wissen wir, wieviele es vor 2000 oder einer Million Jahren waren. Je weiter wir in die Vergangenheit zurückgehen, desto ungenauer sind unsere Schätzungen der Erdbevölkerung.

Die Annahme, daß im Laufe der Jahrtausende unsere Bevölkerung ständig zunimmt, geht von Beobachtungen wie gefundenen Überresten, Knochen und Geräten aus, sowie Schätzungen der Anzahl von Menschen, die auf einem bestimmten Stück Land von der Jagd oder von Ernteerträgen hätten leben können. Es ist sehr wahrscheinlich, daß die gegenwärtige Bevölkerungszahl die größte ist, die es je gab. Jedoch kann die gegenwärtige Zunahme eine vorübergehende Steigerung darstellen und muß nicht Teil eines langzeitlichen Trends sein.

Vorstellungen vom Ausmaß der Erdbevölkerung in vergangenen Zeiten sind ungewiß und solche in Bezug auf die Zukunft äußerst unzuverlässig. Setzt man das Bevölkerungswachstum in Beziehung zur Reinkarnation, dann müßten verschiedene Fragen beantwortet werden, zum Beispiel wieviele 'Seelen' es insgesamt gibt, die auf ihre Wiederverkörperung warten. War die durchschnittliche Lebensspanne immer die gleiche wie heutzutage? Und ist der Zeitraum zwischen den Inkarnationen immer gleich oder unterschiedlich? Die inkarnierte Bevölkerungsdichte kann sich stark verändern, wenn diese Faktoren schwanken.

Diejenigen, die die Bevölkerungsexplosion als Argument gegen die Reinkarnation ins Feld führen, nehmen gewöhnlich an, daß die Wiederverkörperung sehr rasch nach dem Tod erfolgt, während nach der theosophischen Überlieferung ein langer Zeitraum zwischen den Inkarnationen liegt. Die Dauer schwankt zwischen ein paar Jahren und einem *Kalpa*, das ist ein Zeitraum von Millionen Jahren. Doch solche extremen Zeiträume sind außergewöhnlich. Für die meisten Menschen vergehen einige hundert bis zu ein paar tausend Jahren zwischen den Wiederverkörperungen, wobei die genaue Zeit von der Qualität der Inkarnationen und einer geeigneten Gelegenheit zur Wiedergeburt abhängt.

Die Daten in dem vorangegangenen Abschnitt wurden erstmals vor etwa hundert Jahren veröffentlicht. Jüngere Forschungen wie die des Mediums Edgar Cayce und andere, etwa hypnotische Rückführungen und Erforschungen spontaner Rückerinnerungen an frühere Leben (die im 6. bis 8. Kapitel behandelt werden), ließen auf wesentlich kürzere Intervalle schließen. Es mag sein, daß - ebenso wie sich das Tempo des modernen Lebens beschleunigt hat - auch das des Todeszustandes sich beschleunigt.

Es besteht kein Grund zu der Annahme, der Zeitraum zwischen den Lebensspannen sei ein stets gleichbleibender - etwa einem unveränderlichen Naturgesetz vergleichbar. Im Gegenteil, wir halten es für wahrscheinlicher, daß der Zeitraum ebenso variiert wie die Lebensdauer; die Durchschnittslänge mag schwankend sein - je nach den Zuständen auf der Erde und der Evolution des Bewußtseins. Bei einer Welt, die mehr und mehr Gelegenheiten zum Sammeln von Erfahrungen bietet, kann man sich vorstellen, daß der sich zwischen den Inkarnationen im Zustand des *Devachan* befindende wiederverkörperungsfähige und -willige Teil gestorbener Individuen intensiv nach diesen Erfahrungen sucht. Wenn das Leben immer mehr Erfahrungsmöglichkeiten bietet, kann man vermuten, daß der Bedarf dafür auch größer ist.*

In den letzten hundert Jahren haben sich die Lebensumstände auf der Erde mehr verändert als in den vorangegangenen hunderttausend Jahren. Verkehr, Nachrichtendienst, Medizin, Wissenschaften, Industrie, Bildung, Erziehung und viele andere Aspekte des Lebens haben sich so stark gewandelt, wie es wenige Generationen zuvor kaum vorstellbar gewesen wäre. Als viele von uns noch Kinder waren, gehörte der Gedanke, daß Menschen den Mond betreten könnten, noch ins Reich der Phantasie!

Vom Standpunkt der Reinkarnation ist die Begründung für die Bevölkerungsexplosition ziemlich klar. Denken wir uns einen riesigen Raum mit Individuen, die zu einer Zeit der Erdgeschichte reinkarnieren, in der ziemlich stabile Zustände herrschen. Dann reinkarnieren sie weniger häufig, weil die Zugkraft neuer Erfahrungen schwach ist. Doch dann ändern sich aus irgendeinem Grunde die Zustände radikal: es ersteht eine neue soziale Welt mit weit größeren Möglichkeiten für menschliche Erfahrungen. Der Wunsch nach neuen Erlebnissen wird entsprechend intensiviert, und die Menschen kommen viel häufiger und nach merklich kürzeren Intervallen zwischen ihren Lebensspannen zur Wiedergeburt. Das Er-

---

* Zum besseren Verständnis des Wortes *Devachan* sei auf Kapitel 10 verwiesen. Über die für das Verständnis metaphysischer Erklärungen notwendige Methaphorik: siehe S. 52

gebnis ist eine Bevölkerungsexplosion. Zur Illustration können wir uns ein Kino vorstellen, das sechs Monate lang immer den gleichen Film vorführt. Die Menschen drängen sich nicht, ihn zu sehen, denn sie wissen, daß sie dafür noch viel Zeit haben. Plötzlich beginnt der Veranstalter, das Programm jede Woche zu ändern und Erstaufführungen zu zeigen. Da jetzt nur eine Woche Zeit ist, jeden Film zu sehen, kommen die Besucher häufiger, und der Andrang wächst spektakulär, obgleich sich die Einwohnerzahl der Stadt nicht geändert hat. Wir leben jetzt sozusagen in einer Welt der einwöchigen Erstaufführungen, und es ist kaum überraschend, daß 'Hochkonjunktur' herrscht.

Zu Zeiten mag es weit mehr nichtinkarnierte Individuen geben als auf der Erde lebende. Die gegenwärtige Bevölkerungsexplosion kann also ein Zeichen dafür sein, daß unsere Zeit geeignet ist, viel mehr Menschen ins Dasein zu ziehen als üblich, wodurch sich der zwischen den Inkarnationen liegende Zeitraum entsprechend verringert.

Wird die Bevölkerungsexplosion als Argument gegen die Reinkarnation ins Feld geführt, dann kann man annehmen, daß die Erde als ein geschlossenes System betrachtet wird, und folglich niemals neu zur Geburt kommende Menschen auf unserem Planeten in Erscheinung treten würden. Zwar besagt die theosophische Überlieferung, daß die Evolution von Menschenseelen aus dem Tierreich vor langer Zeit in unserem Entwicklungszyklus endete, doch behauptet sie auch, daß der gesamte Kosmos von Leben erfüllt ist, und zwar von intelligentem Leben der menschlichen Stufe auf vielen Planeten unserer Galaxis. Wir wissen nicht genug über die kosmische Ökonomie, um sagen zu können, ob unserem Planeten von anderen Leben zuströmt. Doch wenn es so wäre, könnte auch dies die beobachtete Bevölkerungsexplosion erklären. Keinesfalls ist jedoch diese Explosion ein Argument gegen die Reinkarnation.

Reinkarnation ist metaphorisch wahr. Während wir die verschiedenen Lebensstufen durchlaufen - Kind, Schüler, Haushälter und Erwerbstätiger, Ruheständler - entfalten wir neue Persönlichkeiten, die in den neuen, von uns bewohnten Welten leben. Wir sterben dem alten Leben und werden in das neue hineingeboren. Und innerhalb einer jeden Lebensstufe werden wir ebenfalls wiedergeboren. Wir führen ein Leben in unserem Beruf, ein anderes zuhause und wieder andere z. B. in verschiedenen Freundeskreisen. Und während wir von einem dieser Leben in das nächste wechseln, 'reinkarnieren' wir.

Jeden Abend, wenn wir schlafen gehen, sterben wir für die Welt. Jeden Morgen werden wir wiedergeboren. Das Bewußtsein erschafft sich selbst immer wieder neu. Das bedeutet, daß wir nicht an die durchlebte Vergangenheit gebunden sind. Wir sind nicht eingeschlossen in vertraute Formen und Gewohnheiten, in die ausgefahrenen Gleise von gestern. Durch unsere Reaktion auf die Erfahrung eines jeden Augenblicks reinkarnieren wir als eine neue Person. Es ist schmerzlich, wiedergeboren zu werden, doch bedeutet es auch Freude.

Metaphern wie Reinkarnation, Leben und Tod stehen im Mittelpunkt unserer Wahrnehmung der Welt und unserer Reaktionen auf sie. Die Metapher ist ein Instrument, das uns hilft, mit der Wirklichkeit umzugehen, vielleicht das beste, auf jeden Fall ein notwendiges. Metaphern oder Analogien standen stets im Mittelpunkt der Weisheitsüberlieferung und einer theosophischen Lebensauffassung. Manche Menschen betrachten die metaphorische Wahrheit der Reinkarnation als Argument gegen deren effektive Wahrheit, denn sie sagen, sie sei eben 'nur' eine Metapher. Doch die metaphorische Wahrheit einer Sache zu bestätigen, heißt nicht, ihr andere Formen der Wahrheit abzusprechen. Tod und Geburt sind Metaphern; sie sind in sich selbst wirklich genug.

Der Glaube an Reinkarnation, metaphorisch oder buchstäblich, ist Teil des Glaubens an eine bestimmte Art der Weltordung. Er ist eine metaphysische Einstellung mit praktischen Konsequenzen. Diejenigen, die die Welt im Licht der Reinkarnation sehen, bedürfen keiner wissenschaftlichen Beweise als Stütze ihrer Überzeugung. Beweise sind nicht unbedeutend, doch sind sie nicht entscheidend und können es nach der Natur der Dinge niemals sein. Dennoch gibt es Beweismaterial. Und damit befassen wir uns in den nächsten vier Kapiteln.

5.

Beweise durch Medien

Es gibt potentiell nachprüfbare Beweise der Reinkarnation aus einer Vielzahl von Quellen: Medieneigenschaft (heutzutage auch *Channeling* genannt), hellseherisches 'Lesen', Rückführungen durch Hypnose, sowie spontane Erinnerungen an frühere Leben. Nicht alle von ihnen sind gleichermaßen nützlich und zuverlässig, und alle wurden angefochten. Manche sind für die betroffenen Menschen sehr überzeugend, doch kann ihre Beweiskraft intensiver Nachprüfung nicht standhalten. Fassen wir indessen alle vier Arten von Beweisen zusammen, dann weisen sie gemeinsam auf etwas hin, das schwerlich ignoriert werden kann Diese Zeugnisse sind nicht stark genug, um Reinkarnation zu 'beweisen', aber sie machen sie sehr wahrscheinlich. Es sind zwar Indizienbeweise, aber die Indizien sind bemerkenswert.

Wenn wir diese vier Quellen untersuchen, ist es ratsam, etwas zu beachten, das häufig mißverstanden wird, weil uns unsere Sprache zu einem solchen Mißverständnis verleitet. Wir sprechen davon, etwas zu 'beweisen'. Doch genau genommen kann überhaupt nichts bewiesen werden, nicht einmal ein wissenschaftliches 'Gesetz'. Wenn wir behaupten, ein wissenschaftliches Prinzip oder Gesetz sei 'bewiesen' worden, sagen wir 1. daß uns das Prinzip etwas erklärt, 2. daß wir unser bestes getan haben, Gegenbeweise zu finden, wir aber keine gefunden haben - wenigstens keine ernsthaften; und 3. daß wir kein zufriedenstellenderes Prinzip kennen, das ebenso frei von widersprüchlichen Tatsachen ist. Ferner ist es nützlich, wenn das Prinzip so einfach wie möglich ist und sich anderen Prinzipien gut einfügt, die auf ähnliche Weise 'bewiesen' sind. Wenn wir also behaupten, wir hätten etwas bewiesen, dann bedeutet das, daß es uns trotz großer Anstrengungen nicht gelungen ist, die Sache zu widerlegen.

Mit einer solchen Vorsichtsmaßnahme betrachten wir nun die vier 'Beweisquellen' der Reinkarnation, um zu sehen, wie sie einer Widerlegung standhalten. Die letzten drei, die mit einer Art von Erinnerung lebender Personen zusammenhängen, werden in den nächsten drei Kapiteln ausführlich behandelt.

Medien und die Gesellschaft für Psychische Forschung

Mitteilungen von Toten durch Medien scheinen die besten Beweismittel zu sein. Wer kann schließlich mehr über das jenseitige Leben wissen als jene, die schon dort sind und mit unmittelbarem Wissen berichten können? Jedoch sind mediumistische Phänomene sehr schwer einzuschätzen. Die englische *Gesellschaft für Psychische Forschung* und andere Körperschaften dieser Art haben viel Zeit und Mühe darauf verwandt, die Wirklichkeit und Zuverlässigkeit mediumistischer Mitteilungen zu ermitteln. Um solche Phänomene einzuschätzen, muß man viel Erfahrung und eine unparteiische Einstellung haben.

Die 1882 gegründete *Gesellschaft für Psychische Forschung* hat zum Ziel, "unvoreingenommen und vorurteilslos im wissenschaftlichen Geist tatsächliche oder angebliche Fähigkeiten des Menschen zu untersuchen, die nach allgemeingültigen Hypothesen unerklärlich zu sein scheinen". Dieses Ziel befindet sich in voller Übereinstimmung mit dem dritten Ziel der *Theosophischen Gesellschaft*, das lautet: "die Erforschung ungeklärter Naturgesetze und der im Menschen verborgenen Kräfte zu fördern". Die beiden Organisationen unterscheiden sich dadurch, daß erstere einzig zur unvoreingenommenen Untersuchung von Bezeugungen existiert, letztere dagegen zur Verbreitung einer bestimmten Weltanschauung unter Einbeziehung der Naturgesetze und der menschlichen Fähigkeiten.

Nichtsdestoweniger war die *Gesellschaft für Psychische Forschung* in ihren Anfängen nicht völlig unvoreingenommen. Einige ihrer frühen Mitglieder wie Henry Sidgwick, W. F. Barrett und F.W.H. Myers lebten in einer Zeit, als das fundamentalistische Christentum von naturwissenschaftlichen Erkenntnissen bedrängt wurde. Da ihnen beide nicht zusagten, wandten sie sich den Phänomenen des Spiritismus zu, der in Europa und Amerika in Mode war und Beweise für die Existenz einer nichtphysischen und nichtmechanistischen Realität versprach. Sie hofften, durch Feststellung und Propagierung der Wirklichkeit solcher Phänomene (was immer deren unmittelbare Ursachen sein mochten) eine Alternative sowohl zu unbeweglichen religiösen Vorstellungen als auch zu einseitiger Wissenschaftsgläubigkeit zu finden. Der Konflikt zwischen Religion und Wissenschaft spielte auch bei der Gründung der *Theosophischen Gesellschaft* eine ausschlaggebende Rolle; für sie war jedoch der Spiritismus weniger wichtig, als die uralte Weisheitstradition.

Während der hundert Jahre ihres Bestehens hatte die *Gesellschaft für Psychische Forschung* namhafte Präsidenten wie A. J. Balfour, britischer Premierminister von 1902 bis 1905, William James, den amerikanischen Philosophen und Psychologen, Sir William Crookes, einen hervorragenden Chemiker und Physiker, Sir Oliver Lodge, einen weiteren ausgezeichneten Wissenschaftler, Andrew Lang, den Anthropologen und Folkloristen, Henri Bergson, den französischen Philosophen, Gilbert Murray, den Klassizisten, Camille Flammarion, den französischen Astronomen, und J. B. Rhine, den amerikanischen Parapsychologen. Einige dieser Persönlichkeiten, vor allem Crookes und Flammarion, waren auch Theosophen. *Die Gesellschaft für Psychische Forschung* hat eine Vielzahl paranormaler Erscheinungen untersucht und war immer bemüht, Methoden von größter Exaktheit anzuwenden. Ein bedeutender Teil dieser Untersuchungen betraf mediumistische Phänomene.

Die weiße Krähe

Gewiß sind manche Medien Betrüger (wo gibt es sie nicht?); doch die meisten scheinen aufrichtig zu sein. Mehrere der von ihnen hervorgerufenen Phänomene sind eindeutig paranormal - die heutige Wissenschaft hat keine Erklärung für diese Erscheinungen - und sie scheinen unseren alltäglichen Lebenserfahrungen entgegenzustehen. Wenn auch die Phänomene echt zu sein scheinen, läßt sich jedoch daraus nicht folgern, daß die spiritistische Begründung zutreffend ist. Durch Medien vermittelte Botschaften stammen nicht unbedingt von den Geistern Verstorbener. Und selbst wenn solche Botschaften von Toten stammen sollten, ist damit nicht gesagt, daß der Tod den gerade Verstorbenen plötzlich Einsichten in die Natur der Dinge vermittelt hätte.

Die meisten der angeblich von Verstorbenen stammenden Botschaften sind nichtssagende Gemeinplätze, und der Vorgang ihrer Übermittlung ist oft zwar nicht absichtliche Täuschung, aber das Medium und die Hinterbliebenen haben scheinbar einen ungeschriebenen Pakt geschlossen, sich gegenseitig zu unterstützen. Beide sind offensichtlich ehrlich.

Bei einer typischen 'Botschaftsübermittlung' ist das Medium nicht in tiefer, nicht einmal in leichter Trance. Er - oder häufiger sie - spürt die Gegenwart eines Geistes und schnappt einen Namen oder einen Ausdruck auf. Das Medium wird dann sagen: "Ich habe hier eine Botschaft von Hans. Bedeutet 'Hans' irgend jemandem hier etwas?" Wenn einer aus der Gruppe antwortet, wird er vermutlich weitere Auskunft beisteuern, zum Beispiel: "Oh, das muß mein Onkel sein, der letztes Jahr gestorben ist!" Das Medium wird dann fortfahren: "Er möchte, daß Sie wissen, daß er glücklich ist und Sie liebt. Aber er war doch manchmal ziemlich schwierig, nicht wahr?" Die meisten Menschen sind bisweilen schwierig, so daß die Antwort lautet: "Allerdings. Vor allem machte er viel Theater um sein Auto." "Ja, das wollte ich sagen. Er stellte sich furchtbar an mit seinem Auto und wollte nicht zulassen, daß andere damit fuhren, nicht wahr?" Und so geht die Unterhaltung weiter. Das Medium stützt sich auf die Erwiderungen dessen, an den die Botschaft angeblich gerichtet ist.

Diese Sorte Medium mag Trauernde oder Unsichere trösten, doch bietet sie keinerlei interessante Beweise. Es war nicht das, was die *Gesellschaft für Psychische Forschung* suchte. Sie befaßte sich mit weit interessanteren Fällen. Eins ihrer berühmtesten und beeindruckendsten Medien war Mrs. Piper aus Boston, auf die die Gesellschaft von William James hingewiesen wurde. Sie wurde in Amerika und in England von den klügsten Köpfen der Gesellschaft untersucht, die feststellten, daß sie in ihren Trancezuständen erstaunlich genaue Informationen übermittelte (Haynes, S. 81).

In einer Séance produzierte Mrs. Piper die Stimme von Katherine, der jungen Tochter des Geistlichen S.W. Sutton. Sie war gerade sechs Wochen vorher gestorben und sprach während dieser Sitzung von Ereignissen, die mit ihrem Tode zusammenhingen, identifizierte Gegenstände, mit denen sie gespielt hatte, sang zwei Lieder - die einzigen, die sie vollständig gelernt hatte - gebrauchte ihre kindlichen Kosenamen für Verwandte und Puppen usw. (Rogo, *Life*, S.31). Telepathie wurde als Möglichkeit in Erwägung gezogen, doch für unwahrscheinlich gehalten. Schließlich zog Richard Hodgson, vermutlich der skeptischste aller Forscher der Gesellschaft, den Schluß, daß dieses Medium "sicheres Beweismaterial für Überleben und Gedankenübertragung erbracht hat." (Haynes, S.82). William James schrieb über Mrs. Piper: "Wenn man das Gesetz, daß alle Krähen schwarz sind, entkräften will, muß man nicht versuchen zu beweisen, daß sie es nicht sind; es genügt zu beweisen, daß eine einzige Krähe weiß ist. Meine eigene weiße Krähe ist Mrs. Piper. Angesichts der Trancezustände dieses Mediums kann ich der Überzeugung nicht widerstehen, daß hier ein Wissen offensichtlich wird, das Mrs. Piper niemals im normalen Wachzustand durch ihre Sinnesorgane oder geistigen Fähigkeiten erlangt haben kann." James fand keine Erklärung für die bemerkenswerten Fähigkeiten von Mrs. Piper - etwas Paranormales wurde deutlich.

Mediale Führer und sekundäre Persönlichkeiten

Eine mögliche Erklärung für die Geisterkontrolle bzw. die 'Führer', die die meisten Medien benutzen, wären sekundäre Persönlichkeiten - Teilchen der Psyche, die sich von der primären Persönlichkeit abgesondert und ein eigenes Leben begonnen haben. Da wir nicht einfach 'Seelen' sind, die Körper bewohnen, sondern vielmehr Komplexe psychischer Prinzipien, überrascht es nicht, daß diese Prinzipien innerhalb einer einzigen Person auf verschiedene Weisen organisiert sein können und so verschiedene Persönlichkeiten hervorbringen. Die untergeordneten Persönlichkeiten machen sich den Weg frei, um in veränderten Bewußtseinszuständen - wie zum Beispiel Trance - Ausdruck zu finden.

Eine solche Interpretation wurde gestützt durch eine Reihe von Experimenten, die in den vierziger und fünfziger Jahren mittels Wortassoziierungstests durchgeführt wurden. Untersuchungen dieser Art werden benutzt, um die psychische Verfassung eines Menschen einzuschätzen. Es wird dabei eine Liste von Wörtern laut vorgelesen, wobei er zu jedem Wort das erste, was ihm dazu in den Sinn kommt, antwortet. Wichtig ist nicht, was tatsächlich erwidert wird, sondern die Zeit, die die Versuchsperson zum Antworten braucht. Theoretisch gilt, daß wir langsamer auf Worte reagieren, die uns emotional berühren. Jeder Mensch trägt in sich einen eigenen Komplex gefühlsmäßiger Assoziationen und dementsprechend einen charakteristischen Durchschnitt von Reaktionszeiten auf bestimmte Wörter. Dieser Wortassoziationstest wurde an Medien bei normalem Bewußtseinszustand vorgenommen und auch, als sie in Trance von ihren Führern kontrolliert wurden. Das sich daraus ergebende Muster zeigt, daß die Worte, auf die das Medium in bewußtem Zustand langsam antwortet, im Trancezustand eine schnelle Erwiderung finden, und umgekehrt. Die bewußte Persönlichkeit des Mediums und die in Trance befindliche ergänzen sich. Daraus läßt sich schließen, daß der Tranceführer Bestandteil der Psyche des Mediums und nur im unbewußten Zustand aktiv ist und - wie das in diesem Zustand häufig der Fall ist - einen Gegensatz zur bewußten Persönlichkeit darstellt.

Wenn nun Tranceführer tatsächlich Bestandteile der Psyche der Medien sind, lassen sich dennoch Botschaften, die durch Medien wie z. B. Mrs. Piper vermittelt werden, nicht einfach als unbewußtes Wissen erklären. Die berühmtesten und rätselhaftesten Fälle der *Gesellschaft für Psychische Forschung* sind die sogenannten *Cross Correspondences* (sich kreuzende Botschaften).

Cross Correspondences

F. W. H. Myers, einer der Gründer der Gesellschaft, regte an, daß ein guter Beweis für das Überleben eine Botschaft sein könnte, die durch mehrere Medien übermittelt würde, obwohl sie von ihrer gegenseitigen Existenz nichts wußten. Voraussetzung wäre, daß jedes Medium nur einen Teil der Gesamtbotschaft übermittelt. Gegen Ende seines Lebens scheint Myers versucht zu haben, die Äußerungen verschiedener Medien auf diese Weise zu analysieren, jedoch ohne Erfolg. Kurz nach seinem Tode im Jahre 1901 begannen jedoch Mitteilungen aufzutauchen, die gleichzeitig von verschiedenen, einander völlig unbekannten Medien auf mehreren Kontinenten automatisch niedergeschrieben wurden. Manche dieser Mitteilungen drückten die gleichen Gedanken in verschiedenen Formulierungen aus. Andere waren für sich allein sinnlos, bekamen aber Bedeutung, wenn sie mit denen aus anderen Quellen kombiniert wurden.

Die *Cross Correspondences*, wie diese Botschaften genannt wurden, wurden mehrere Jahre lang empfangen. Sie schienen oft so kompliziert zusammengesetzt zu sein, daß sie Kreuzworträtseln der Londoner *Times* ähnelten, "mit Anagrammen, Zitaten und kryptischen Andeutungen aus einer Vielzahl von Wissensgebieten: Historische und aktuelle Ereignisse, Philosophie, Sprichwörter, alte Lieder, Sport" (Haynes, S.71). Diese *Cross Correspondences*, die etwa 3000 Schriftstücke umfassen, waren also ein sehr englisches Phänomen. Einige unter ihnen sind so privater Natur, daß sie im Trinity College, Cambridge, versiegelt aufbewahrt und erst im Jahre 2000 für Forschungszwecke freigegeben werden, wenn die Betroffenen und auch deren Kinder nicht mehr am Leben sind. In einer der *Cross Correspondences*, dem 'Palmsonntagfall', wurden Botschaften durch mehrere Medien vermittelt, die nichts von den Tatsachen wußten, auf die sich die Botschaften bezogen. Sie betrafen die Liebe des jungen Arthur Balfour zu Mary Catherine Lyttelton. Diese starb am Palmsonntag 1875 an Typhus und wurde mit dem Smaragdring seiner Mutter am Finger begraben. Er bewahrte eine Locke ihres goldbraunen Haares in einer silbernen Dose, die er sich dafür hatte anfertigen lassen. Die Botschaften bezogen sich auf seinen und Marys Namen, auf den Ring, das Haar und die Dose, ihren Todestag usw. (Haynes, S.72).

Eine weitere derartige Korrespondenz betraf die Medici-Gräber. Die Botschaften enthielten Anspielungen auf Abend- und Morgendämmerung, Tod, Lorbeer, Schatten, Schlaf, den scheinbaren Namen *Morehead*, einen Neger und Alexanders Grab. Ein Medium produzierte die Botschaft "Laurentusgrab, Morgen- und Abenddämmerung", was sich als Schlüssel zu diesem Fall erwies. Die Botschaften betrafen die Grabstätten der Medici-Familie. Der Lorbeer war das Emblem von Lorenzo de Medici, dem Patriarchen der Familie. Auf den Gräbern sind allegorische Darstellungen der Morgen- und Abenddämmerung. Alessandro de Medici, der heimlich dort beigesetzt wurde, trug den Spitznamen 'der Mohr', weil er zum Teil schwarze Vorfahren hatte. (Rogo, *Life*, S.35-37).

Die Verwicklungen dieser *Cross Correspondences* sind kaum zu erklären, außer auf paranormale Weise. Demonstrierte der körperlose Myers durch literarische und historische Spielereien, was er zu Lebzeiten als überzeugende Beweise für ein Leben nach dem Tod gehalten hatte? Vielleicht handelt es sich um Beispiele der Jungschen Synchronizität - das bedeutungsvolle Zusammentreffen von kausal nicht verbundenen Fakten. Jedenfalls gibt es dafür keine rationalen, materialistisch fundierten Erklärungen.

Xenoglossie

Beweismaterial anderer Art bietet die Xenoglossie, d.h. der Gebrauch einer fremden Sprache durch jemanden, der diese nie erlernt hat oder je mit ihr in Berührung gekommen ist - wenigstens nicht in diesem Leben. Ian Stevenson, ein Psychiater, der mögliche Erinnerungen an vergangene Leben mit großer Sorgfalt und Genauigkeit geprüft hat, untersuchte auch Fälle dieser Art, insbesondere den eines Mediums, Ehefrau eines Arztes, das lediglich als T. E. identifiziert wurde. In einer Reihe hypnotischer Experimente, durchgeführt von ihrem Ehemann, begann T. E., die Persönlichkeit eines skandinavischen Bauern namens Jensen Jacoby anzunehmen, der vermutlich im 17. Jahrhundert nahe der schwedisch-norwegischen Grenze gelebt hatte. Als Jensen Jacoby begann sie, Bruchstücke einer fremden Sprache zu sprechen, die sich später als eine ältere Form des Schwedischen mit Beimischungen norwegischer und dänischer Elemente herausstellte.

Die Persönlichkeit Jensens sprach und antwortete sowohl auf englisch als auch auf schwedisch oder norwegisch (beide Sprachen sind sich sehr ähnlich). Nachdem der Ehemann von T. E. das Ungewöhnliche an dieser xenoglossichen Darbietung erkannt hatte, wurden die Seancen auf Band aufgenommen und Transkripte angefertigt. Auch einge Schweden nahmen alsbald an allen Sitzungen teil und verwickelten die Persönlichkeit Jensens in Unterhaltungen auf schwedisch. Stevensons Nachforschungen über T. E.'s Vergangenheit ergaben keinerlei Berührung mit irgendeiner skandinavischen Sprache. Lügendetektoren erwiesen sowohl T. E. als auch ihren Ehemann als ehrlich in ihrer Behauptung, keine dieser Sprachen zu kennen. Stevenson zog daraus den Schluß, daß sich entweder der überlebende Geist des Jensen Jacoby durch T. E. als Medium manifestierte oder daß Jensen eine frühere Inkarnation von T. E. gewesen ist, deren Erinnerungen sie wiederbelebt hatte. Aufgrund der Beweislage konnte er sich nicht entscheiden, welcher der beiden Möglichkeiten er den Vorzug geben sollte. Die Sprachwissenschaftlerin Sarah Grey Thomason hat ebenfalls Fälle vermuteter Xenoglossie unter Hypnose untersucht, die sich jedoch als viel unbedeutender erwiesen als die von T. E. Sie kam zu dem Schluß, daß die angeblichen Fremdsprachen - Bulgarisch, Gaelisch und Apache (athapaskisch) - in Wirklichkeit fließendes Kauderwelsch waren. Die von ihr untersuchten Fälle schienen eher Beispiele profaner Glossolalie als Xenoglossie zu sein. Glossolalie ist das Hervorbringen eines unaufhörlichen Schwalls von Lauten, die wie eine Sprache klingen, aber keiner bekannten Sprache angehören, und denen Strukturen von Grammatik fehlen, wie sie menschliche Sprachen aufweisen. Glossolalie gibt es bei gewissen religiösen Gruppen, die 'in Zungen reden', wie es den Aposteln beim Pfingstfest zugeschrieben wird.

Glossolalie und Xenoglossie sind entgegengesetzte Phänomene. Bei der Glossolalie wird angenommen, daß die Zuhörer sie verstehen, und in Kirchen, in denen sie praktiziert wird, gibt es gewöhnlich einen 'Dolmetscher', der die Laute für die Gemeindemitglieder verständlicher macht. In der Xenoglossie hingegen wird eine normale Sprache von jemandem gesprochen, der diese niemals erlernt hat und niemals mit ihr in Berührung gekommen ist. Wenn echte Xenoglossie bestätigt wird, ist dies ein überzeugender Beweis für das

Paranormale. Fundiert bewiesene Fälle sind im Gegensatz zu feuilletonistischen Bekundungen doch äußerst selten. Stevensons Entdeckung ist fast einzigartig.

Schlußfolgerung

Die neuerdings populäre Form des Mediumismus, 'Channeling' genannt, zeigt die gleichen Schwächen wie andere Ausdrucksformen des Mediumismus. Die 'entkörperten Wesen', die durch das als Channel fungierende Medium sprechen, erweisen sich in den meisten Fällen als abgetrennte Bestandteile der Psyche des Mediums, die als separate Identitäten Rollen spielen. Es kann sich auch um emotionalmentale Komplexe außerhalb des vermittelnden Mediums handeln, die in dessen Wahrnehmungsbereich eingedrungen sind. Doch selten - wenn überhaupt - sind sie das, was sie zu sein vorgeben.

Die Gefahr bei echten mediumistischen Fähigkeiten besteht darin, daß der Übermittler - sei er nun ein Fragment der Psyche des Mediums oder ein äußerer Einfluß - das Bewußtsein des Mediums beherrschen und unerwünschte Konsequenzen nach sich ziehen kann. Auch nur gelegentlich praktizierte mediumistische Fähigkeiten, die normalerweise kaum bedeutungsvoller als gewöhnliche Gesellschaftspiele sind, bergen jedoch Gefahren.

Spiritismus und Medien haben zweifellos vielen Menschen Trost und Sicherheit gegeben. Wirklich talentierte Medien wie Mrs. Piper geben Rätsel auf, die selbst durch versierte und intensive wissenschaftliche Forschungsarbeiten nicht gelöst werden konnten. Trotzdem sind die Beschreibungen der Medien vom Leben des Menschen nach dem Tod als Beweismaterial für die Reinkarnation eher dürftig. Dafür gibt es bessere Quellen, welche die Erinnerungen lebender Menschen einbeziehen. Mit solchen Quellen wollen wir uns in den nächsten drei Kapiteln befassen.

6.

Unbewußtes und hellseherisches Erinnerungsvermögen

Wenn wir mehrere Leben hätten, so wird oft gegen die Reinkarnation argumentiert, dann müßten wir uns an frühere Leben erinnern können. Und weil Kontinuität des Bewußtseins Kontinuität des Gedächtnisses impliziere, könne insofern nicht die Rede von früheren Inkarnationen sein, als wir ja keine derartigen Erinnerungen haben. Es wird behauptet, Gedächtnis, Erinnerungsfähigkeit, sei die Voraussetzung dafür, daß wir von einem Zeitpunkt zum nächsten die 'selbe' Person sind.

Unbewußtes Gedächtnis

Man könnte dagegen argumentieren, daß wir uns in der Tat an vergangene Leben erinnern - auf eine Art und Weise allerdings, die uns nicht als Erinnerung bewußt ist. Vorauszuschicken ist, daß es unterschiedliche Erinnerungsarten gibt.

Zum Beispiel erinnern wir uns oft kaum noch daran, wie wir Autofahren oder Maschineschreiben erlernt haben. Aber die Resultate dieser Lernvorgänge sind als unbewußte Erinnerung in unserem täglichen Leben gegenwärtig: ein Erinnern, das unterhalb der Bewußtseinsschwelle 'lokalisiert' ist. Wir können uns dagegen wahrscheinlich garnicht mehr erinnern, jemals Lesen oder Laufen gelernt zu haben - trotzdem sind dies natürliche Tätigkeiten geworden. Somit betrifft eine Art des Erinnerns also spezifische Vorgänge, z.B. unsere Fahrstunden oder das Erlernen und Üben zur Beherrschung einer Schreibmaschine, während das gewohnheitsmäßige, unbewußte Ausführen von Tätigkeiten, die einen ursprünglich und bewußten Lernprozess voraussetzen, Ausdruck einer anderen Art des Erinnerns sind.

Den unterschiedlichen Arten des Erinnerns entsprechen unterschiedliche Arten des Wissens. Wir sagen z. B., wir 'wissen', daß die Erde rund ist, wir 'kennen' Frankfurt, wir 'können' Schach spielen: drei ganz unterschiedliche Arten des Wissens. Zu wissen, daß die Erde rund ist, bedeutet die Wahrheit dieser Tatsache zu verstehen. Eine Stadt wie Frankfurt zu kennen, setzt voraus, daß man dort gewesen ist. Schach spielen zu können, setzt die Kenntnis der Spielregeln voraus. Im Gegensatz zur englischen Sprache, die 'to know' für 'wissen', 'kennen' und 'können' benutzt, gibt es im Deutschen und anderen Sprachen für mentale Funktionsweisen wie diese drei unterschiedlichen Arten des Wissens vernünftigerweise drei verschiedene Verben.

Für jede Art des Wissens gibt es also eine entsprechende Art des Erinnerns. Sich einer Tatsache zu entsinnen, bedeutet imstande zu sein, sie zu wiederholen. Sich eines Ortes zu erinnern, heißt ihn zu erkennen, wenn wir wieder hinkommen. Sich an ein Spiel zu erinnern, bedeutet es nach einiger Zeit wieder spielen zu können.

Diese drei Gedächtnisfunktionen können als tatsachenbezogenen Erinnerung, wiedererkennende Erinnerung und Gewußt-Wie-Erinnerung bezeichnet werden. Entsprechend beruhen diese drei Arten des Erinnerns auf drei Arten von

Wissen, nämlich tatsachenbezogenem Wissen, wiedererkennendem Wissen und dem erlernten 'Know-how' d.h. dem Gewußt-wie.

Das Erinnerungs- und Wissenspaar des 'Know-how' oder Gewußt-wie ist das verläßlichste und wichtigste unter den oben erwähnten. Zum Beispiel hat kaum jemand ein wiedererkennendes Erinnerungsvermögen über das Erlernen seiner Muttersprache. Der Lernprozess vollzog sich, als wir zu jung waren, uns an irgendetwas zu erinnern. Inzwischen ist diese Erinnerung also völlig unbewußt: die wenigsten Menschen - nur Sprachwissenschaftler - haben faktisches Wissen über ihre Muttersprache erworben. Das heißt für unser Gewußt-wie, unser 'Know-how', ist tatsachenbezogenes Wissen keine notwendige Voraussetzung.

Bezüglich der Reinkarnation ist die Existenz verschiedener Erinnerungsarten ein Hinweis, daß wir uns wohl auf die eine, nicht aber auf die andere Art erinnern können. Wenn Tatsachen-Erinnerungen oder ein wiedererkennendes Erinnerungsvermögen aus früheren Leben nicht möglich sind, so haben wir jedoch vielleicht Erinnerungen an in früheren Inkarnationen erlernte Tätigkeiten.

Natürlich soll damit nicht gesagt, sein, daß wir die Fertigkeit im Maschineschreiben auf eine nächste Inkarnation etwa im Jahre 2304 zu übertragen vermögen (falls es dann überhaupt noch Schreibmaschinen gibt). Die Erinnerung an Fähigkeiten wie Maschineschreiben und Autofahren ist im Nervensystem verankert und stirbt mit dem Körper. Aber ein Interesse an Maschinen und Apparaten, die Neugier, wie diese funktionieren, und eine Begabung zu ihrer Handhabung - diese abstraktere und generellere Form des Wissens, die in Wirklichkeit eher eine Neigung zum Erlernen als eine besondere Fähigkeit ist - kann sehr wohl von einer Inkarnation zur nächsten überleben. Es ist z. B. denkbar, daß der Erfinder Thomas Alva Edison nicht erst in seinem Leben von 1847 - 1931 damit begann, an Dingen herumzubasteln, sondern daß er das schon früher getan hat.

Da unser persönliches Gedächtnis mit unserem physischen Körper und Gehirn verbunden ist, kann man erwarten, daß es mit dem Körper und all seinen Organen stirbt. Nur von den abstrakteren Fähigkeiten und Konzepten kann man annehmen, daß sie von einem Leben ins nächste übertragen werden. Und dennoch gibt es Umstände, durch die auch andere Arten des Erinnerns existieren, wenn echte persönliche Erfahrungen - Menschen, Orte, Sprachen, Ereignisse, Befürchtungen und Ambition betreffend - zu überleben scheinen. Diese Umstände, die derartige persönliche Erinnerungen aus einem vergangenen Leben in diesem wieder auftauchen lassen, sind wahrscheinlich unterschiedlichster Natur und variieren mit den jeweiligen Mechanismen des Hervorbringens von Gedächtnisinhalten. Zum Schluß dieses Kapitels und in den nächsten beiden betrachten wir drei Arten außergewöhnlicher Rückerinnerungen aus vergangenen Leben, drei Möglichkeiten, auf die sich Erinnerungen an frühere Leben über die Schwelle des Bewußtseins erheben und wachbewußt werden können.

Hellsichtige Wahrnehmung der Vergangenheit

Die erste Art der Erinnerung an frühere Leben ist nicht persönlicher Natur, sondern unpersönlich und extern. Es gibt hellseherisch begabte Menschen, die in der Lage sind, eine Verbindung zum Gedächtnis der Natur herzustellen. Nach den Lehren der Weisheitstradition zeichnet die Natur alle Geschehnisse unauslöschlich auf, und so ist es möglich, Informationen über geschichtliche Vorgänge ebenso wie über frühere Inkarnationen einer Person zu erfahren. Unter den Hellsehern des zwanzigsten Jahrhunderts war Edgar Cayce (1877 - 1945) zweifellos der bemerkenswerteste und sensibelste. Er konnte "schlafend" das Gedächtnis der Natur anzapfen.

In seiner Kindheit in Kentucky hatte Cayce verschiedene paranormale Erlebnisse: er sah verstorbene Verwandte und sprach mit ihnen, und er entwickelte ein fotografisches Gedächtnis. Als junger Mann erlitt er eine akute Kehlkopfentzündung, die er selbst kurierte, indem er im Trancezustand die Diagnose stellte und sich eine entsprechende Behandlung verschrieb.

Nachdem diese Selbstheilung bekannt geworden war, baten einige Mediziner Cayce um Hilfe bei der Behandlung kranker Menschen. Dazu versetzte er sich in einen Trancezustand und 'untersuchte' die physischen Körper von Patienten, deren Anwesenheit dabei jedoch nicht nötig war. Noch in Trance analysierte Cayce die Krankheitsursachen und empfahl Heilmittel. Diese sogenannten "physischen Lesungen" führte Cayce 25 Jahre lang durch, bis seine Hellsichtigkeit ihm eine neue Richtung wies.

Weil Cayce sich an seine im Trancezustand gemachten Äußerungen nicht erinnern konnte, wurden sie schriftlich festgehalten - diese stenografischen Aufzeichnungen sind noch vorhanden und sind Studienobjekt einer von Cayce selbst gegründeten Stiftung. Er war äußerst überrascht, als er 1923 bei Überprüfung einer dieser Aufzeichnungen erfuhr, was er in Trance gesagt hatte: er hatte die Reinkarnation in dieser "Lesung" als unbestreitbare Tatsache dargestellt! Da Cayce Mitglied einer orthodoxen protestantischen Kirchengemeinde war und eine wörtliche Auslegung der Bibel propagiert hatte, schien ihm Reinkarnation eine befremdliche, bizarre Vorstellung zu sein.

Cayce setzte jedoch seine Trance-Nachforschungen fort, die sich immer häufiger auf Analysen von Krankheiten und deren Ursachen aus früheren Leben konzentrierten. Diese in Trance erstellten Analysen, die ausschließlich das Thema Reinkarnation und frühere Leben seiner Patienten beinhalten, wurden als "Lebenslesungen" bekannt - es gibt davon ungefähr 2500.

Ein besonderes Problem dieser Mitteilungen über frühere Leben - selbst wenn sie von talentierten Hellsehern wie Edgar Cayce stammen - ist jedoch die Tatsache, daß es sich ausnahmslos entweder um unbekannte oder um prominente Persönlichkeiten handelt. Da Aufzeichnungen über erstere in der Vergangenheit nicht gemacht wurden, sind mitgeteilte

Details kaum nachprüfbar. Über Prominente gibt es andererseits Hinweise in geschichtlichen Aufzeichnungen, in der Literatur, usw. Hinweise jedenfalls, die Hellsehern auch auf normalem Weg zugänglich wären. Nur selten kann eine hellseherisch produzierte Mitteilung anhand von geschichtlichen Quellen, die dem Hellseher nicht bekannt gewesen sein konnten, bestätigt werden. Als Beweismittel für die Reinkarnation sind "Lebenslesungen" somit nicht sonderlich brauchbar - so nützlich und interessant sie sonst sein mögen.

Bemerkenswert an Cayces Lesungen ist jedoch die Genauigkeit seiner Charakterisierungen. Die Cayce-Stiftung prüfte nachträglich die Geschichte der Personen, über die er Lesungen gegeben hatte, um festzustellen, ob ihr Leben dem von Cayce beschriebenen Muster entsprach und ob seine Analysen erfolgreich waren. Eine beeindruckende Zahl der Betroffenen glaubt, daß Cayces Botschaften exakt und seine Ratschläge nützlich waren.

Wie läßt sich ein solcher Einblick in den Charakter und die anscheinende Kenntnis von früheren Leben erklären? Wie kann ein Mensch sich an die Vergangenheit eines anderen 'erinnern'? Das Wesen des Gedächtnisses ist noch kaum ergründet. Im allgemeinen stellt man es sich als eine Art Lagerraum für Spuren gemachter Erfahrungen in den Gehirnzellen vor. Gewiß spielt das Gehirn beim Erinnern eine große Rolle, doch bisher war noch niemand imstande, eine ebenso glaubwürdige wie rein physikalische Erklärung (die sich also lediglich auf die elektrische beziehungsweise chemische Aktivität der Gehirnzellen bezieht) zu liefern. Da wir also noch nicht einmal die genaue Funktionsweise des normalen Gedächtnisses kennen, ist es um so schwieriger, das ungewöhnliche Erinnerungsvermögen eines Edgar Cayce zu erklären.

Akasha-Chronik und Gedächtnis

Eine Erklärung für Cayces Fähigkeiten gibt uns allerdings jene Theorie der Weisheitsreligion, die "Lesen der *Akasha*-Chronik" oder "Sicht des Astrallichts" genannt wird. (*Akasha* ist ein Ausdruck aus der indischen Philosophie für eine subtile, plastische Substanz, die alle Geschehnisse aufzeichnet; *Astrallicht* das entsprechende Wort des europäischen 19. Jahrhunderts).

Diese *Akasha*-Chronik wird auch das Gedächtnis der Natur genannt. Sie gilt als Gesamtaufzeichnung aller Gedanken, Gefühle und Taten von Anbeginn der Zeit. Man kann sich diese Aufzeichnungen auch als das Unbewußte der gesamten Menschheit oder gar allen Lebens vorstellen. Und somit kann die *Akasha*-Chronik mit dem Jungschen Konzept des kollektiven Unbewußten verglichen werden.

In der *Akasha*-Chronik 'lesen' zu können, mag auch die Fähigkeit sein, Dimensionen der Wirklichkeit wahrzunehmen, die uns normalerweise verschlossen sind. Unser Raum hat drei Dimensionen, aber es gibt Mathematiker, Physiker und Mystiker, die von dem Postulat einer größeren Anzahl von Dimensionen ausgehen. Wir jedenfalls kennen drei räumliche Dimensionen und in begrenzter Form eine vierte - die Zeit.

Es ist uns offensichtlich, daß alle Dinge innerhalb der Zeit fortbestehen: in chronologischer Kontinuität und mit Veränderungen ihrer Formen.

Aber normalerweise nehmen wir nur den gegenwärtigen Augenblick wahr, der sich ständig verändert und in das entflieht, was bisher Zukunft war und nun Vergangenheit geworden ist. Zeit ist eine Dimension, von der wir nur eine scharf begrenzte Wahrnehmung haben; unsere Wahrnehmung ist die Gegenwart. Außer ihr haben wir gewöhnlich nur die Erinnerung an die Vergangenheit und eine Erwartung der Zukunft. Aber die Dinge existieren in der Zeitdimension ebenso wie in den räumlichen Ausdehnungen.

Stellen wir uns die Zeit als gerade Linie vor. Jeder Augenblick ist ein Punkt auf der Linie. Und ebenso wie die Linie eine unendliche Zahl von Punkten enthält, die ja keinerlei Dimension haben, birgt auch die Zeit eine Unzahl von Augenblicken, die keine Dauer haben. Stellen wir uns nun vor, wir könnten die Linie nicht als Ganzes sehen, sondern unser Blick wäre gezwungen, nur in eine Richtung der Geraden zu schauen und sich dabei ständig vorwärtszubewegen, so daß er Punkt für Punkt die Linie entlangläuft. Punkte, die wir noch nicht erreicht haben, wären unsere Zukunft. Bereits durchlaufene Punkte wären eine Erinnerung an die Vergangenheit. Einzig jener dimensionslose Punkt, auf den wir im Moment konzentriert sind, scheint zu existieren - das ist unsere Gegenwart. Unter derart begrenzten Bedingungen wäre die Linie nur eine theoretische Wirklichkeit: alles, was im Augenblick in unserer Wahrnehmung existierte, wäre der momentane Brennpunkt. Auf diese Art nehmen wir normalerweise die Zeit wahr - unter genau solchen Einschränkungen. Nun stellen wir uns vor, wir wären plötzlich imstande, uns in eine andere Dimension zu versetzen und könnten die ganze Reihe von Anfang bis Ende samt den dazwischenliegenden Geschehnissen zugleich erblicken. Auf diese Weise nehmen wir tatsächlich eine Linie wahr. Jetzt erkennen wir sie als Einheit, während wir vorher nur willkürlich begrenzte Teilstücke wahrnahmen. Könnten wir nun auf ähnliche Weise noch in eine weitere Dimension der Wirklichkeit eintauchen - eine Dimension, welche außerhalb der Zeit liegt und die wir 'Ewigkeit' nennen -, dann könnten wir die Dinge als ein Ganzes wahrnehmen, nämlich ihren Anbeginn, ihre Entwicklung und ihr Ende, wohingegen wir sie jetzt nur von Augenblick zu Augenblick sehen, niemals als ein Ganzes.

Reinkarnation in Gruppen

Cayce ist nicht der einzige Hellseher, der die *Akasha*-Chronik 'lesen' konnte. Auch andere taten es, und ihre Untersuchungen haben zu der interessanten Schlußfolgerung geführt, daß die Inkarnationen eines Menschen nicht unbeeinflußt von denen anderer sind. Anstatt bei jeder Geburt in eine neue Gruppe von Individuen zu geraten, trachten wir danach, mit uns bereits bekannten Menschen gleichzeitig zur Welt zu kommen.

Anscheinend gruppieren sich Seelen in reinkarnierende Gemeinschaften mit dem gemeinsamen Ziel, zusammen ein neues Leben zu beginnen. Dies ist sogar wegen des *Karma*-Gesetzes naheliegend, denn während jeder Lebensspanne laden wir im Umgang mit den Menschen unserer Umgebung karmische 'Schulden' auf uns. Folgen der Liebe, des Hasses, der Freundschaft oder des Mißtrauens, auch gemeinsamer Schuld, Schulden der Begünstigung, der Unterwerfung - die Art der Verbindung ist weniger wichtig, als die Tatsache, daß wir - was immer die Ursachen - mit anderen verbunden waren. Diese Zusammenhänge bewirken unsere gleichzeitige Reinkarnation am gleichen Ort mit uns verbundenen Menschen, wodurch die karmischen Bande 'aufgearbeitet' werden können. Bei diesem Aufarbeiten der karmischen Bande oder 'Schulden' werden jedoch neue geschaffen mit eben diesen Menschen. Diese neuen Bande werden sich dann in einem späteren Leben auswirken. So bilden sich Reinkarnationsgruppen oder -gemeinschaften, in denen karmische Verbindungen unter den Einzelnen bestehen.

Einer der bekanntesten Berichte unserer Zeit über Gruppenreinkarnation stammt von dem englischen Psychiater Arthur Guirdham. Bei der Behandlung einer unter periodisch auftretenden Angstzuständen leidenden Patientin wurden seine eigenen Erinnerungen an eine frühere Inkarnation als katharischer Priester unter den Albigensern im Frankreich des dreizehnten Jahrhunderts geweckt. Er erinnerte sich, daß er, seine Patientin und eine Anzahl anderer Menschen, die beide im gegenwärtigen Leben kannten, früher bereits zusammengelebt hatten, nicht nur in der Gemeinde der Albigenser, sondern auch in anderen Umgebungen. Weil Guirdham infolge der ärztlichen Schweigepflicht die gegenwärtige Identität seiner Patientin und auch die der anderen Mitglieder der reinkarnierten Gruppe nicht preisgeben durfte, bleibt sein Bericht unbestätigt.

Eine solche Aufeinanderfolge miteinander in Beziehung stehender Inkarnationen der gleichen Gruppe kann unglaubwürdig erscheinen. Wenn nun aber Reinkarnation und *Karma* Tatsachen sind, ist nichts Unwahrscheinliches daran: Dann ist es sehr gut möglich, daß viele der mit uns während einer Lebensspanne verbundenen Menschen Wiederverkörperungen der Individuen sind, mit denen wir einst in Kontakt gestanden hatten. Gewöhnlich mögen wir uns jener nicht erinnern, die uns in früheren Leben bereits begegnet waren, aber unsere Verbindung führt zu einer Art Wiedererkennen. Wir kennen sie unterbewußt; es sind alte Bekannte.

7.

Erinnerungen unter Hypnose?

Von den im letzten Kapitel beschriebenen Möglichkeiten der Erinnerung an frühere Leben ist die der unterschwelligen Wahrnehmung uns allen gemeinsam, während wirkliche Hellsichtigkeit sehr selten ist. Die nun in diesem und dem nächsten Kapitel geschilderten Formen der Erinnerung sind auch gewöhnlichen Menschen ohne besondere Schulung zugänglich. Die eine wird absichtlich herbeigeführt, die andere tritt spontan in Erscheinung.

Hypnose als Therapie

Bei bewußt herbeigeführten Erinnerungszuständen kann man sich durch das künstliche Stimulans der hypnotischen Suggestion an frühere Leben erinnern. Diese hypnotische Suggestion gehört zu den grundlegenden Behandlungsarten der modernen Psychotherapie. Vermutet wird dabei, daß gegenwärtige Funktionsstörungen - psychische Probleme, Neurosen, psychosomatische Krankheiten - die Folge von absichtlich vergessenen oder verdrängten schmerzlichen Erfahrungen aus der Vergangenheit sind. Um solche psychischen Erkrankungen zu heilen, ist es notwendig, deren Ursachen zu behandeln. Zur Erkenntnis der Ursachen gibt es die Couch des Psychiaters und die Methode, die Patienten ihre Probleme aus- und durchsprechen zu lassen.

Aber häufig fällt es Patienten schwer, schmerzliche Erinnerungen ins Bewußtsein zurückzurufen. Zur Abhilfe wurden mehrere therapeutische Methoden entwickelt, z. B. die Traumanalyse: Oft bringen Patienten in Träumen Ideen oder Erinnerungen symbolisch zum Ausdruck, die sie im bewußten Leben in Furcht und Schrecken versetzen würden. Auch zur Stärkung des Gedächtnisses dient die Hypnose: selbst belanglose, alltägliche, längst vergessene Einzelheiten können detailliert bewußt gemacht werden.

Manche Psychologen glauben, daß Persönlichkeitsstörungen eines Erwachsenen bisweilen auf Erlebnisse der frühesten Kindheit oder selbst auf das Trauma der Geburt zurückzuführen sind - das Verlassen der warmen, dunklen Sicherheit des Mutterleibes und der Eintritt in die kalte, grelle Ungewißheit selbständiger Existenz. Manche gehen so weit anzunehmen, daß vorgeburtliche Erfahrungen - ein Trauma im Mutterschoß - die Ursache psychischer Fehlfunktionen im späteren Leben sein können. Solche Erlebnisse wären dem bewußt funktionierenden Gedächtnis völlig unzugänglich. Deshalb setzen Therapeuten Hypnose als Hilfsmittel zur Rückerinnerung ein. Das imaginative Zurückgehen unter Hypnose zur Wiedererlangung vergessener Erinnerungen nennt man Regression. Während Psychotherapeuten ihre Patienten immer weiter zurückführen - in die Kindheit, das Geburtserlebnis und die pränatale Existenz - stoßen manche Patienten sogar auf Erinnerungen, die nach ihren Angaben aus früheren Inkarnationen stammen. Somit wurde die hypnotische Rückführung zu einem häufig benutzten Mittel zur Erforschung vergangener Leben.

Der Fall Bridey Murphy

Erforschungen früherer Leben unter Hypnose (oder Mesmerismus, wie sie früher genannt wurde) gibt es seit der zweiten Hälfte des neunzehnten Jahrhunderts; doch die verbreitete Anwendung dieser Methode begann erst in den späten fünfziger Jahren unseres Jahrhunderts. Der berühmteste Fall jener Zeit war der einer Hausfrau aus Colorado, die durch den Hypnotiseur Morey Bernstein zurückgeführt wurde, um Beweismaterial für die Reinkarnation zu erbringen. Unter Hypnose erinnerte sie sich an ihr Leben Anfang des neunzehnten Jahrhunderts als Irin der unteren Mittelklasse. Der Fall wurde in einem Buch mit dem Titel *The Search for Bridey Murphy* beschrieben. Bridey hatte in Cork und Belfast gelebt und den Rechtsanwalt Brian MacCarthy geheiratet. Sie war Kundin des Kolonialwarenhändlers John Carrigan und eines anderen namens Farr. Sie war protestantisch, ihr Ehemann katholisch. Nebenbei schrieb sie für eine Belfaster Zeitung, den *Newsletter*. Einzelheiten dieser Art können nachgeprüft werden, und eine Anzahl der von Bridey gelieferten Angaben erwiesen sich tatsächlich als zutreffend. Andere sind unbestätigt, aber möglicherweise richtig.

Der Fall Bridey Murphy und das Buch über sie wurden berühmt - und berüchtigt. Die Geistlichkeit, besorgt über die Konsequenzen, die beweiskräftige Reinkarnationserinnerungen für die von der Kirche vertretenen Lehren haben könnten, war ebenso wie eine sensationslüsterne Presse darauf aus, Betrug oder Irrtümer nachzuweisen.

Anschuldigungen wurden erhoben, die hypnotisierte Person habe eine irische Tante, die ihr in ihrer Kindheit Geschichten über Irland erzählt habe. Diese Tante jedoch wußte sehr wenig über Irland (wie die meisten Amerikaner irischer Abstammung) und hatte nachweislich keinerlei Kontakt mit ihrer Nichte. Auch eine Nachbarin namens Bridey wurde ausfindig gemacht. Bridey jedoch ist ein weit verbreiteter, üblicher irischer Name - der Familienname der Nachbarin war jedoch nicht Murphy, und sie war pikanterweise die Mutter jenes Journalisten, der die falschen Anschuldigungen verbreitet hatte.

Die daraus folgende Kontroverse war so verwirrend, daß es heute unmöglich ist, die Zuverlässigkeit des Bridey-Murphy-Falles zu beurteilen. Es mag ein Beispiel gewesen sein für Kryptomnesie ('verborgene Erinnerung'), ein Phänomen, bei dem wir Dinge auf normale Weise lernen und dann den Ursprung des Gelernten vergessen, so daß die Kenntnis aus einer mysteriösen Quelle zu stammen scheint. Oder es kann eine echte Erinnerung an ein vergangenes Leben gewesen sein. Auf jeden Fall lenkte es die Aufmerksamkeit auf Reinkarnation und führte zu wachsendem Gebrauch der hypnotischen Rückführung in vergangene Leben.

Unbewußtes Dramatisieren, Fernes Erinnern

Die Frage nach dem Wesen der hypnotischen Rückführung ist noch offen. Sind die Erlebnisse echte Erinnerungen an frühere Leben oder etwas anderes? Die nächstliegende Alternative ist, sie für dramatisierte Mitteilungen des Unterbewußtseins zu halten, vermischt mit Informationen, die vom bewußten Verstand zufällig aufgenommen und vergessen wurden. Im Zustand der Hypnose, wenn das Unterbewußtsein zugänglicher ist als normal, wird es von dem Wunsch beherrscht, willfährig zu sein und das zu tun, was verlangt wird. Wenn also das Unterbewußtsein die Anweisung erhält, über ein vergangenes Leben zu berichten, dann tut es das, indem es aus irgendwelchen ihm zugänglichen Wissensquellen ein plausibles Szenarium über den fraglichen Zeitraum erfindet.

Es ist wahrscheinlich, daß viele, wenn nicht die meisten Fälle hypnotischer Rückführung in vergangene Leben - besonders in der meist angewandten leichteren Hypnose - Dramatisierungen durch das Unterbewußte sind. Eine solche Schauspielerei mag indessen einem ernsteren Zweck und einer wohltätigen Wirkung dienen. Das Unterbewußtsein kann die Gelegenheit zu dramatisieren dazu ergreifen, sich über psychologische Probleme zu äußern, die den Betreffenden bewegen. Wenn die Rückführung in ein früheres Leben in einem therapeutischen Rahmen stattfindet, dann hat diese Dramatisierung sehr wahrscheinlich auch therapeutische Implikationen, mag sie nun Tatsachen eines vergangenen Lebens beinhalten oder eine eingebildete Projektion der Ursachen eines aktuellen Problems sein.

Gleichzeitig ist es möglich und in manchen Fällen wahrscheinlich, daß echte Erinnerungen an frühere Leben wenigstens gelegentlich bei solchen Rückführungen auftauchen. Aber selbst wenn sie echt sind, sind sie keine Erinnerungen im gewöhnlichen Sinne. Ein Gehirn des zwanzigsten Jahrhunderts kann sich schwerlich an Erlebnisse erinnern, die ein Gehirn des siebzehnten oder gar des dritten vorchristlichen Jahrhunderts, das sich längst in seine Elemente aufgelöst hat, bewegt hatten.

Was bei der hypnotischen Rückführung geschieht, hat vielleicht eine gewisse Ähnlichkeit mit Edgar Cayces 'Lesen' in der *Akasha*-Chronik. Ein hypnotisierter Mensch mag sich so weit von den Beschränkungen des physischen Körpers befreien, daß er fähig ist, das Gedächtnis der Natur anzuzapfen und in der Zeitdimension zurückzublicken oder zumindest in den Zeitraum, der am engsten mit seinen früheren Inkarnationen zusammenhängt. Es ist unmöglich festzustellen, wie häufig eine echte Wahrnehmung der Vergangenheit stattfindet, weil die meisten Berichte über vergangene Leben, die durch hypnotische Rückführungen zustandekamen, zu unspezifisch sind, um eine strenge Nachprüfung zu gestatten. Bestenfalls kann gesagt werden, daß es sich wohl um ehrliche Mitteilungen handelt.

Umfangreiche Regressionsuntersuchungen

Die amerikanische Psychologin Helen Wambach ist besonders aktiv in der experimentellen Durchführung hypnotischer Rückführungen. Während eines Zeitraums von zehn Jahren leitete sie etwa zweitausend Regressionen.

Sie entwickelte eine Methode, mit deren Hilfe sie ganze Gruppen gleichzeitig zurückführte und sich danach durch posthypnotische Suggestion deren Mithilfe bei der Aufzeichnung ihrer hypnotischen Impressionen an frühere Leben sicherte. Das Ergebnis war ein ungewöhnlich weiter Überblick.

Ein herausragendes Merkmal ihrer Fälle ist die Tatsache, daß die Versuchspersonen keine besonders interessanten früheren Lebensumstände für sich selbst schaffen - was zu erwarten wäre, wenn ihr Unterbewußtes einfach nur fantastische Trugbilder erfinden würde. Denn wie oft sind wir in unseren Tagträumen wichtige, bedeutende Persönlichkeiten, berühmt und im Mittelpunkt des Geschehens! Typisch für Wambachs Versuchspersonen ist dagegen u. a. ein behinderter Schäfer, der sich inmitten seiner Schafherde am glücklichsten fühlte, oder auch eine Eingeborene New Guineas, die in Furcht vor den Tabus ihres Stammes lebte und deren Existenz arm, gefährlich, barbarisch und kurz war. Das ist schwerlich der Stoff, aus dem Tagträume gewoben werden. Ferner ist es wichtig hervorzuheben, daß sich die zahlreichen Regressionen Wambachs bevölkerungsstatistisch vernünftig verteilen. So gehören z. B. 60 bis 70 Prozent der erinnerten Leben sozial schwächeren Gruppen an, 20 bis 30 Prozent zur Mittelklasse, und nur etwa 5 Prozent zur Oberschicht. Eine recht glaubwürdige und wahrscheinliche Gliederung der menschlichen Gesellschaft in den verschiedenen Perioden der Geschichte.

Die Statistik der Geschlechterverteilung ist nicht weniger interessant. Umfragen haben ergeben, daß eine Mehrzahl der Befragten lieber Mann als Frau wäre - eine Tatsache, die vermutlich die für Männer typische größere soziale und biologische Freiheit reflektiert. Wenn all die angeblichen Erinnerungen in Wirklichkeit Einbildungen waren, hätte man überwiegend männliche frühere Leben erwartet. Tatsächlich jedoch gab es in zwei ansehnlichen Gruppen etwas mehr als 50 Prozent männliche und knapp 50 Prozent weibliche frühere Inkarnationen (50,3 *versus* 49,7 und 50,9 *versus* 49,1). Zudem war diese fast gleichmäßige Verteilung nicht etwa auf die

Zusammensetzung der Gruppen zurückzuführen, deren eine vorwiegend aus Frauen bestand, während bei der anderen die Verteilung der Geschlechter sich etwa die Waage hielt.

In ihrer Gesamtheit haben die Wambach-Regressionen Überzeugungskraft. Die einzelnen Fälle dagegen sind allgemeiner Natur und somit kaum verifizierbar oder als Beweismaterial für die Realität der Reinkarnation zu gebrauchen. Jonathan Venn unternahm eine gründliche Untersuchung einer einzelnen Regression. Er führte sechzig Befragungen der betroffenen Personen unter Hypnose durch, bemühte sich ausgiebig, für die angeführten Fakten Bestätigungen oder Widerlegungen aufzuspüren, und verglich dann Reinkarnation als wahrscheinliche Erklärung mit anderen Möglichkeiten der Interpretation dieser Fakten.

Venns Versuchsperson Matthew, ein 26jähriger Optiker-Gehilfe, führte unter Hypnose das Leben des verstorbenen französische Piloten Jacques Gionne Trecaultes, der 1914 über Belgien abgeschossen worden war. Nach der Beurteilung eines Franzosen waren Matthews französische Sprachkenntnisse schlecht, er besaß aber eine erstaunliche Fülle von Informationen über den ersten Weltkrieg, über technische Details der frühen militärischen Luftfahrt und die Geographie Frankreichs. In seinen Aussagen machte er weit mehr Fehler als richtige Angaben.

Venn verglich Korrektheit und die Fehlerhaftigkeit der Aussagen des hypnotisierten Matthew mit der Leichtigkeit beziehungsweise Schwierigkeit, solche Kenntnisse zu erwerben. Er zog daraus den Schluß, daß alle 'Treffer' Matthews von jener Art waren, die leicht in Erfahrung zu bringen sind, und daß seine Fehler etwa zur Hälfte der gleichen Art entsprachen und zur anderen Hälfte nur aus schwer zugänglichen Quellen zu erfahren wären. Es liegt also nahe anzunehmen, daß Matthews Unterbewußtsein die Person des französischen Piloten erfand und sie mit zutreffenden Informationen, die er aus allgemeinen Quellen geschöpft hatte und mit eingebildeten, unsachgemäßen Einzelheiten belebte.

Venns gründlich untersuchter Fall erbringt keinen Beweis der Reinkarnation, sondern nur den von Kryptomnesie und unterbewußtem Dramatisieren. Nichtsdestoweniger ist dies nur ein Einzelfall und schließt die Möglichkeit, daß andere Regressionen Beispiele echter Erinnerungen an frühere Leben sind, nicht aus.

Die Bloxham-Aufzeichnungen

Diese Aufzeichnungen bieten eindrucksvollere Beispiele mutmaßlicher Rückerinnerungen an frühere Leben. Sie umfassen Informationen über etwa vierhundert Rückführungen, die von Arnell Bloxham, dem Präsidenten der Britischen *Gesellschaft für Hypnotherapeuten*, durchgeführt wurden. Eine Fernsehsendung der BBC unter Zugrundelegung dieser Aufzeichnungen bewirkte 1976 in England eine Sensation. Untersuchungen, um Einzelheiten der Bloxham-Aufzeichnungen nachzuprüfen, führten zu erstaunlichen Ergebnissen.

Ein bemerkenswerter Fall war die Rückführung einer Hausfrau aus Wales mit dem Pseudonym 'Jane Evans' in sechs frühere Leben:

1. Livonia, Gattin des Titus, eines Erziehers des Sohnes des Gouverneurs des römischen Britannien. Diese Inkarnation fand gegen Ende des dritten Jahrhunderts statt. Der Gouverneur war Constantius, seine Frau Helena und sein Sohn Constantin, der später der erste christliche Kaiser Roms wurde. Ein interessanter Aspekt dieser Erinnerungen ist die Tatsache, daß nichts darüber bekannt ist, daß Constantius jemals Gouverneur in Britannien war. Seine Lebenszeit zwischen den Jahren 283 und 290 ist nicht dokumetiert, die Identität des römischen Gouverneurs von Britannien jenes Zeitraums ist unbekannt. Und gerade diese Jahre stehen im Brennpunkt der 'Livonia'-Erinnerungen. Eine beträchtliche Anzahl weiterer 'Livonia'-Erinnerungen über Ereignisse, Menschen und Orte ist zutreffend.

2. Rebecca, eine Jüdin, die Ende des zwölften Jahrhunderts in England lebte und während des York-Massakers 1190 getötet wurde. 'Rebecca' berichtete, daß während eines Pogroms gegen die Juden ihrer Familie der Zugang zum Schloß (wo tatsächlich die meisten Juden der Stadt gegen den Mob Zuflucht gesucht hatten) verwehrt wurde. Deshalb suchte sie mit ihrer Familie Schutz in der Krypta einer kleinen Kirche außerhalb des "großen Kupfertores von York".

Dieses Detail über den Zufluchtsort ist sehr wichtig, denn wenn der hypnotische Bericht auf einer historischen Erinnerung an die Verfolgung beruht hätte, würde Jane Evans wahrscheinlich das Schloß als Schutzort gewählt haben, wohin die meisten Juden flohen (nur um dann verraten und ermordet zu werden). In historischen Berichten wird in erster Linie das Schloß erwähnt, von einer Kirche ist nicht die Rede.

Noch bedeutsamer ist, daß die von 'Rebecca' beschriebene Kirche mit großer Wahrscheinlichkeit tatsächlich St.Mary's am Schloßtor war. Doch weder von ihr noch von irgendeiner der anderen vierzig Kirchen von York war bekannt, daß sie eine Krypta hatten. Lediglich in der Kathedrale war eine, aber 'Rebecca' verneinte ausdrücklich, dort Schutz gesucht zu haben. Der Bericht schien nicht zu stimmen. Indessen wurde bei einem späteren Umbau der Kirche entdeckt, daß sich unter ihrer Kanzel doch eine Krypta befunden haben muß, - womit diese höchst unwahrscheinliche Einzelheit, von der die Hypnotisierte nichts hat wissen können, als richtig bestätigt wird.

Die dramatische Überzeugungskraft, mit der Jane Evans die Geschichte ihrer 'Rebecca' erzählte, beeindruckte viele ihrer Zuhörer. Bei der Schilderung ihrer aussichtslosen Bemühungen, dem Mob zu entfliehen und ihre Tochter zu schützen, indem sie sie in der Krypta versteckte, wurde sie vor Aufregung hysterisch. Als Jane Evans die Sitzung verließ, verlor sie das Bewußtsein, hatte noch tagelang Angstzustände und war krank. Wenn manche der Bloxham-Aufzeichnungen nicht das sind, was sie zu sein vorgeben, nämlich nacherlebte Episoden aus früheren Inkarnationen, dann sind sie nicht weniger mysteriöse Rätsel einer anderen Art.

3. Alison, eine ägyptische Magd, die von Jacques Coeur, einem wohlhabenden Kaufmann und Finanzberater Karls VII, nach Frankreich gebracht wurde. Aus dieser Inkarnation entsann sich Jane Evans vieler besonderer Details über Jacques Coeurs Leben und seine Beziehungen zum französischen Hof, wovon vieles später bestätigt wurde. Eine interessante Einzelheit ist 'Alisons' Beschreibung eines goldenen Apfels, der sich in Coeurs Besitz befand und in einer seiner Schatzkammern aufbewahrt wurde. Es wurde zwar nichts über diesen Gegenstand bekannt, doch befand sich über dem Tor seines Schlosses ein Bildwerk, das einen Orangenbaum darstellte; und der französische Ausdruck für Orange ist *pomme d'or* (Goldapfel). Gründliche Nachforschungen erbrachten schließlich den Nachweis einer Liste der bei Coeur beschlagnahmten Gegenstände, als er in Ungnade gefallen war. Und unter diesen Gegenständen befand sich ein goldener Granatapfel, eine Frucht, deren Name 'Apfel voller Samen' bedeutet.

4. Anna, eine Dienerin der Catherina von Aragonien, die 1501 mit ihrer Herrin nach England reiste, wo Catherina den Prinzen Arthur, den ältesten Sohn Heinrichs VII, heiratete. Anna, die damals etwa siebzehn Jahre alt war, rebellierte gegen die puritanischen Sitten am frommen spanischen Hof. Kurz nach der Hochzeit wurde sie nach Spanien zurückgeschickt.

5. Ann Tasker, ein armes, ungebildetes Londoner Mädchen, das während der Regierungszeit der Königin Anne als Näherin arbeitete. In dieser Inkarnation war Jane Evans wenig mitteilsam, fast mürrisch. Sie schien wenig über das Leben ihrer Umgebung zu wissen und es gefiel ihr nicht, befragt zu werden.

6. Schwester Grace, eine Nonne aus Des Moines, Iowa, die etwa von 1860 bis 1920 lebte. Vermutlich war sie Mitglied des Ordens der Barmherzigen Schwestern in Maryland. Sie arbeitete in der Küche, war eine einfache Seele mit einem schelmischen Humor und ohne starke Neigung zum religiösen Leben. Infolgedessen bedauerte sie ihr verpaßtes Leben in der Welt, die sie niemals kennenlernte.

Es ist bemerkenswert, wie stark diese sechs früheren Inkarnationen voneinander und auch von der Persönlichkeit der heutigen Jane Evans abweichen. Ein solcher Kontrast der Persönlichkeiten findet sich ebenfalls in verschiedenen anderen Bloxham-Rückführungen, beispielsweise der des Graham Huxtable, eines kultivierten Bürgers von Swansea, der sich in das Dasein eines einfachen Farmerburschen zurückversetzte. Er wurde während der englischen Kriege gegen Frankreich im achtzehnten Jahrhundert als Kanonier auf eine britische Fregatte angeworben, die er *Aggie* nannte.

Die Einzelheiten und die Echtheit der von Huxtable beschriebenen Seefahrt, wovon er in seinem gegenwärtigen Leben nichts wußte, und die dramatische Schilderung seiner Verwundung in einer Schlacht bei Calais erregten die Aufmerksamkeit des inzwischen verstorbenen Earl von Mountbatten und von Prinz Philip. Mit Hilfe von Seefahrt-Historikern versuchten sie, die Schlacht zu rekonstruieren. Leider ist jedoch der sich über so lange Zeit erstreckende Krieg gegen Frankreich mit seinen unzähligen Zusammenstößen zu schlecht dokumentiert, als daß die Verwundung und der vermutliche Tod des Seemanns mit irgendeiner besonderen Schlacht in Verbindung gebracht werden könnte.

Bewertung der hypnotischen Rückführung

Als Therapie scheint die Rückführung in frühere Leben häufig erfolgreich zu sein. Viele von denen, die entweder als Therapeut oder als Patient daran beteiligt waren, sind von den Ergebnissen begeistert. Aber Hypnose kann gefährlich sein. Es besteht die Möglichkeit zahlreicher Nebenwirkungen, wie Kopfschmerzen oder Angstgefühle. Eine andere Gefahr besteht darin, daß während der hypnotischen Rückführung bisweilen die frühere Persönlichkeit das Bewußtsein des Patienten zu beherrschen beginnt, wobei psychische und mitunter sogar physische Kennzeichen jener auf das gegenwärtige Leben einwirken. Deshalb kann Hypnose, statt die Integration der Persönlichkeit zu fördern, zu einer Fragmentierung führen. Eine weitere Gefahr besteht darin, daß der Patient vor Aufregung über seine früheren Leben die Lösung seiner gegenwärtigen Probleme vernachlässigt. So kann die Rückführungstherapie zu einer Flucht vor der Wirklichkeit werden. Und wie jede andere Therapie ist sie manchmal einfach ohne Wirkung: es gibt keine Resultate.

Im allgemeinen lehnt die theosophische Tradition die oberflächliche Anwendung von Methoden ab, die - wie Hypnose, Drogen, Mediumismus - das Bewußtsein ausschalten und das Unterbewußtsein zum passiven Empfänger von Eindrücken und Einflüssen aus allen möglichen, auch dubiosen Quellen und Richtungen machen. Unsere Erfahrung der Wirklichkeit wird durch Betäubung des Verstandes nicht verbessert.

Wie heilsam oder gefährlich die Rückführung in frühere Leben als psychologische Therapie auch sein mag, als Beweismittel für Reinkarnation ist sie ebenso ungeeignet wie die Lesungen von Hellsehern. Die Gründe hierfür sind dieselben: entweder sind die über frühere Inkarnationen erlangten Fakten zu unklar, um nachgeprüft werden zu können, oder sie sind so gut bekannt, daß sie auch auf gewöhnlichen Wegen erfahren werden können. Außerdem wird die Frage nach der wirklichen Bedeutung der Erinnerungen kompliziert durch die erwähnten dramatischen Neigungen des Unterbewußtseins, durch seine Tendenz Rollen zu spielen und durch seine Aufnahmebereitschaft für hypnotische Suggestion.

Wenn der Therapeut einen hypnotisierten Patienten auffordert, in ein früheres Leben zurückzukehren, geht dessen Unterbewußtsein bereitwillig darauf ein, indem es eine Geschichte erzählt, wie ein solches Leben gewesen sein könnte. Im Verlauf dieser Dramatisierung kann das Unterbewußtsein sehr wohl mit einem Problem fertig werden, das den Patienten belastet hat, und so zur psychischen Gesundheit führen. Jedoch ist die Tatsache, daß Rückführung in frühere Inkarnationen bisweilen eine wirksame Therapie ist, keine Garantie dafür, daß sie auch wahr ist.

Obgleich hypnotisch herbeigeführte Erinnerung keinen stichhaltigen Beweis für Reinkarnation erbringt, ist sie ein Phänomen, das Beachtung verdient. Einige 'Erinnerungen' durch Hypnose sind mit Sicherheit Dramatisierungen durch das Unterbewußtsein, doch andere lassen sich nicht leicht damit erklären. Für diese anderen gibt es keine bessere Erklärung, als daß sie genau das sind, was sie zu sein behaupten, nämlich Erinnerungen an Ereignisse, die sich vor langer Zeit und an entfernten Orten abspielten, Ereignisse aus anderen Inkarnationen.

8.

Ist spontane Erinnerung möglich?

Die eindrucksvollsten Erinnerungen an vergangene Leben werden möglicherweise weder mediumistisch noch durch Hypnose hervorgebracht, sondern treten spontan auf. Es gibt zwei Arten spontaner Erinnerungen: solche von Erwachsenen, die meist aus sporadischen Eindrücken bestimmter Szenen bestehen, und die jüngerer Kinder, die sich auf verschiedene Personen, Dinge und Geschehnisse beziehen. Die Erinnerungen Erwachsener ähneln den hypnotisch herbeigeführten insofern, als sie häufig nur eine Szene wieder aufleben lassen. Kindheitserinnerungen dagegen sind unserer normalen Erinnerung an die Vergangenheit ähnlich.

Erinnerungen Erwachsener

Frederick Lenz untersuchte das spontane Auftauchen von Erinnerungen Erwachsener an mutmaßliche frühere Leben. Solche Erinnerungen treten plötzlich auf, sind äußerst lebhaft und halten in dieser Intensität nur wenige Minuten an. Diese Erfahrung hat etwas gemeinsam mit einer *Déjà vu* Erinnerung, die ihr vorausgehen kann. Die Erinnerung mag ausgelöst worden sein durch die Begegnung mit einem Menschen, das Anhören eines Musikstücks oder das Aussehen eines Gegenstandes. Mitunter tritt sie im gewöhnlichen Alltag auf, manchmal während eines besonders lebhaften Traumes oder beim Beten oder Meditieren. In jedem Fall scheint dabei ein besonderer oder 'anderer' Bewußtseinszustand einzutreten.

Dem Auftauchen einer derartigen Erinnerung kann ein hoher Ton von zunehmender Intensität vorausgehen, ein Gefühl des Schwebens, eine verschwommene Vision mit farbigen Lichtern, ein Vibrieren ringsum, ein Gefühl der Trennung vom physischen Körper, der Eindruck, durch einen Tunnel zu gleiten, an dessen Ende ein helles Licht erstrahlt, oder ein Gefühl der Euphorie, des vollkommenen Wohlbefindens. Einsetzen kann die Erinnerung mit einem raschen, filmartigen Rückblick auf die Ereignisse des vergangenen Lebens, bevor der Betreffende selbst im 'Film' auftritt und daran teilnimmt. Es kann eine Stimme oder einen 'Führer' geben, die oder der den Ablauf des Lebens kommentiert und bei der Beurteilung behilflich ist. Einige dieser Merkmale treten auch bei vortodlichen Erlebnissen auf (diese werden im 10. Kapitel behandelt) und sind deshalb wahrscheinlich Begleiterscheinungen der Loslösung vom gegenwärtigen persönlichen Leben.

Nach den einleitenden Erfahrungen findet sich die Person an einem anderen Ort in einer anderen Zeit und durchlebt etwas, das wie ein Augenblick aus einem früheren Leben aufscheint. Ein anderer Forscher, D. Scott Rogo, untersuchte weniger Fälle als Lenz, diese aber umso gründlicher. Er stieß auf ähnliche Beispiele spontaner Erinnerungen an frühere Leben, doch ohne die einleitenden akustischen oder anderen Eindrücke, die Lenz als typisch für das Phänomen ansah.

Wie bereits erwähnt, haben spontane Erinnerungen an ein früheres Leben eine gewisse Ähnlichkeit mit denen, die durch hypnotische Rückführung auftreten. Tatsächlich scheinen die Erinnerungen dem Wesen nach zu der gleichen Art von Erfahrungen zu gehören, nur sind die Methoden ihrer Auslösung anders. Der scheinbar veränderte Bewußtseinszustand, der das plötzliche Auftauchen spontaner Erinnerungen begleitet, ähnelt also einem zufällig durch Hypnose entstandenen Bewußtseinszustand.

Über eine andere Art der Erwachsenenerinnerung berichtet Edward W. Ryall. Der 1902 geborene Ryall behauptet, sich seit seiner frühen Kindheit an ein früheres Leben als John Fletcher (1645-85) zu erinnern, einem Bauern in Somerset, der in der Schlacht von Sedgemoor während des Monmouth-Aufstandes getötet wurde.

Der Fall ist ungewöhnlich, weil sich Ryalls Erinnerungen im Laufe seines Lebens vertieft zu haben scheinen, statt zu verblassen, wie das bei normalen Kindheitserinnerungen der Fall ist. Auch umfassen sie eine große Zahl von Einzelheiten, ja das gesamte frühere Leben und nicht nur ein oder zwei Szenen, was eigentlich typisch ist für die Erinnerungen Erwachsener an vergangene Inkarnationen.

Zu den Schwachstellen, des Falles Ryall als Beweismittel für Reinkarnation gehört die Tatsache, daß er seine Erinnerungen keinem seiner Zeitgenossen mitteilte, bis er ein hohes Alter erreicht hatte. 1970 meldete er sich auf eine Anzeige im *Daily Express*, in der Leser gesucht wurden, die der Zeitung Berichte über ihre Erinnerungen an frühere Leben zuschicken könnten. Er behauptete, in seiner Kindheit über solche Erinnerungen gesprochen zu haben; aber sein Vater und die anderen Familienmitglieder, denen er sie erzählt hatte, leben nicht mehr. Infolgedessen gibt es keine Bestätigung für Ryalls Kindheitserinnerungen.

Einige der spezifischen Details, die Ryall berichtet, wurden als Tatsachen bestätigt, doch gibt es auch manche Irrtümer und Anachronismen. Die von Ryall erinnerten sexuellen Szenen sind sowohl melodramatisch als auch etwas sensationell, auch sind sie im Hinblick auf Ort und Zeit recht unwahrscheinlich. Die Art der Beschreibung seiner Hochzeitsvorbereitungen erinnert eher an einen typischen historischen Roman. Trotzdem besteht kein Grund zu der Annahme, Ryall hätte betrügerische Absichten gehabt, aber es besteht ebenso wenig Grund, seinen Bericht als rein faktisch zu bezeichnen. Wahrscheinlich handelt es sich um einen Fall von Kryptomnesie. Ryall könnte in jungen Jahren Beschreibungen des Monmouth-Aufstands und der Lebensumstände im Somerset jener Zeit gelesen oder gehört haben. Als er dann die spezifischen Quellen dieser Kenntnisse vergessen hatte, hielt er sie für Erinnerungen und schmückte sie mit persönlichen Einzelheiten aus (womit sich auch die scheinbare Zunahme an Erinnerungen im Laufe seines Lebens erklären ließe).

Kindheitserinnerungen

Die spontanen Erinnerungen kleiner Kinder sind von ganz anderer Art. Ein typisches Beispiel ist das eines Kindes, das über Personen, Orte und Ereignisse zu reden beginnt, die nichts mit der Gegenwart zu tun haben, sondern sich auf eine andere Inkarnation zu beziehen scheinen. Beim Heranwachsen beginnen die Erinnerungen an jenes andere Leben zu verblassen und im Pubertätsalter sind sie gänzlich erloschen. Sollte das Kind später noch etwas über dieses frühere Leben erfahren, dann nur aus Erzählungen von Verwandten über die 'komischen Dinge', die es damals erzählt hatte.

Fälle dieser Art bilden zwar keine Norm, sind aber häufiger, als man glaubt. Viele Eltern tendieren dazu, als Unsinn abzutun, was Kinder an eventuellen Einzelheiten aus einem früheren Leben berichten. Natürlich äußern sich diese Kinder dann nicht mehr.

In Kulturen, die die Reinkarnation ablehnen, werden Berichte über frühere Leben als phantastische Lügen oder das Anfangsstadium geistiger Krankheiten bezeichnet und somit in jedem Fall mißbilligt. In Kulturen, die die Reinkarnation akzeptieren, werden Erinnerungen von Kindern an frühere Leben häufig als Unglück und Vorzeichen eines frühen Todes angesehen, zumindest aber als Anlaß für Probleme in der Familie. Infolgedessen werden solche Erinnerungen, sobald sie auftauchen, möglichst unterdrückt.

Ein Gelehrter, Ian Stevenson, Professor der Psychiatrie an der Universität von Virginia, widmete einen großen Teil seiner beruflichen Laufbahn der Untersuchung von Fällen spontaner Erinnerung, die auf Reinkarnation hinzudeuten schienen. Die Ergebnisse seiner Arbeit veröffentlichte er in einer Reihe von Büchern, in denen er Fallgeschichten und seine Bemühungen, die ihnen zugrundeliegenden Tatsachen nachzuprüfen, schildert: *Twenty Cases Suggestive of Reincarnation, Cases of the Reincarnation Type* und in mehreren anderen Arbeiten. Jeder, der über diese Fälle und die außergewöhnlichen Tatsachen liest, die Stevenson zu recherchieren vermochte, wird beeindruckt sein von seinen gründlichen Untersuchungmethoden und den zahlreichen Beweisen.

Stevensons Vorgehen bestand darin, sich unverzüglich die Fakten über die Erinnerungen des Kindes (oder Erwachsenen) zu beschaffen; Familienmitglieder und Nachbarn zu befragen, um herauszufinden, was sie über die erinnerten Ereignisse wissen; wenn irgend durchführbar, das Umfeld der erinnerten Inkarnationen zu untersuchen, einschließlich der noch lebenden betroffenen Personen, und so viele spezifische Erinnerungen wie nur möglich nachzuprüfen. Stevenson hat tausende von Fällen offensichtlichen Erinnerns geprüft. Viele davon wiesen nicht genügend Einzelheiten auf, um zu überzeugen, jedoch sind einige nachweislich spezifisch und genau.

Imad

Ein typisches, wenn auch kompliziertes Beispiel ist das eines jungen Libanesen namens Imad, der bereits über ein früheres Leben zu sprechen begann, als er zwei Jahre alt war. Er erwähnte Namen von Menschen, die er gekannt hatte, beschrieb sein damaliges Haus und sprach über frühere

Ereignisse. Bisweilen redete er darüber im Schlaf, und manchmal fragte er sich im Selbstgespräch, wie es wohl den Menschen, die er damals kannte, jetzt gehen mag. Er behauptete, ein Mitglied der Bouhamzy-Familie aus dem Dorf Khriby gewesen zu sein, und bat darum, daß man ihn dahin bringe.

Imads Vater schimpfte über diese "Lügen" über ein früheres Leben. Doch eines Tages kam ein Besucher aus dem Dorf Khriby und das Kind erkannte ihn auf der Straße. Das bewog seine Eltern, seine Geschichten ernst zu nehmen. Als Stevenson den Fall untersuchte, bestand keine Verbindung zwischen Imads jetziger und seiner früheren Familie. Obgleich Imads Dorf und Khriby nur etwa 25 km voneinander entfernt lagen, gab es kaum gesellschaftliche oder geschäftliche Verbindungen zwischen ihnen.

Das Leben, an das sich Imad zu erinnern schien, war das des Ibrahim Bouhamzy. Imad beschrieb dessen Frau Jamileh und einen Lastwagenunfall, bei dem einer von Ibrahims Vettern ums Leben gekommen war. Imad beschrieb Waffen, die Ibrahim gehört hatten, ferner die Lage von Ibrahims Haus, zwei daneben befindliche Brunnen, den Garten, der zur Zeit von Ibrahims Tod angelegt worden war, drei Fahrzeuge in Ibrahims Besitz (ein kleines gelbes Auto, ein Bus und ein Lastwagen) und viele andere Details. Er konnte die Worte wiederholen, die der sterbende Ibrahim gesprochen hatte. Bezeichnend ist auch, daß das Kind Imad sehr glücklich war, daß es laufen konnte. Ibrahim war mit etwa fünfundzwanzig Jahren an Tuberkulose gestorben, nachdem er ein Jahr in einem Sanatorium verbracht hatte.

Bei dem Versuch, all diese Informationen in ein zusammenhängendes Ganzes zu fassen, zog Imads Familie mehrere falsche Schlüsse, die sie dem jungen Imad zu Last legte. Weil einige seiner frühesten Geschichten von einem Mann namens Mahmoud, einem Lastwagenunfall, bei dem beide Beine des Opfers gebrochen wurden, und von der schönen Frau Manileh handelten (dieser Name war das erste Wort, das Imad aussprach), nahm Imads Familie irrtümlich an, er selbst hielte sich für Mahmoud, sei bei dem Autounfall umgekommen und habe Jamileh zur Frau gehabt. Sie zogen weitere falsche Schlüsse über die Verwandtschaftsverhältnisse der Bouhamzys und die von Imad erwähnten Ereignisse. Paradoxerweise sind diese Irrtümer in dem vorliegenden Fall positive Beweise, weil sie zeigen, daß Imads Familie nicht die Informationsquelle für die Erinnerungen gewesen sein konnte.

Trotz der bisweilen geäußerten Vorbehalte infolge der Mißverständnisse durch Imads Familie ist dies ein wichtiger Fall. Stevenson war in der Lage, ihn zu untersuchen und relativ rasch Einzelheiten nachzuprüfen, bevor Imads Familie Verbindung mit den Bouhamzys aufgenommen hatte. Tatsächlich scheint Imads Fall, unter Berücksichtigung der Schwierigkeiten bei allen Untersuchungen von Kindheitserinnerungen, ein relativ stichhaltiger Beweis für Reinkarnation zu sein.

Der Fall des Jagdish Chandra

Bemerkenswert ist auch der Fall des Jagdish Chandra, der 1923 im nördlichen Indien geboren wurde. Kurz nach seinem dritten Geburtstag begann er damit, seinen Vater aufzufordern, ihm sein Auto zu bringen. Die Familie hatte keinen Wagen; Autos waren zu jener Zeit bei Privatpersonen eine Seltenheit. Als sein Vater aus anderen derartigen Bemerkungen erkannte, daß sein Sohn über Dinge aus einem vergangenen Leben sprach, fing er an, Tagebuch über seine Äußerungen zu führen. Diese Aufzeichnungen gehören zu den am besten dokumentierten Fällen ihrer Art.

Jagdish gab Benares als seinen früheren Heimatort an, beschrieb sein Wohnhaus mit vielen Einzelheiten und gab an, es läge in der Nähe eines Ghats, das Dash Ashwamadh hieß, von wo eine breite Treppe zum Ganges führte. Sein damaliger Familienname war Pandey. Mit diesen bruchstückhaften Informationen bemühte sich Jagdishs Vater um die Bestätigung dieser Angaben und fand tatsächlich die Familie der Pandeys in Benares, deren junger Sohn Jai Gopal vor ein paar Jahren gestorben war.

Der Vater nahm Jagdish mit nach Benares, wo der Junge imstande war, seinen Vater durch das Straßengewirr von Benares zum Haus der Pandeys zu führen, wo er mehrere Verwandte Jai Gopals wiedererkannte. Als Jagdish am Ghat zum Baden geführt wurde, zeigte es sich, daß er mit den zeremoniellen Gepflogenheiten vertraut war, obgleich sein jetziger Wohnort nicht an einem Fluß lag und er keine Erfahrung mit den religiös bestimmten Badevorgängen im Ganges hatte. Viele andere Tatsachen und die Verhaltensmuster schienen die Identität Jagdish Chandras mit Jai Gopal zu bestätigen.

Weitere Nachforschungen wurden behindert durch die Weigerung des Vaters Pandey, kooperativ zu sein. Doch gerade diese Weigerung wurde zu einem weiteren Beweismittel. Jagdish erinnerte sich, daß sein damaliger Vater einst einen Mann ermordet und dessen Leiche in einem Brunnen versteckt hatte. Wenn diese Erinnerung zutraf, konnte man schwerlich von Vater Pandey erwarten, bei Nachforschungen behilflich zu sein, die für ihn gefährlich werden konnten.

Stevenson untersuchte den Fall vierzig Jahre später, als Jagdish erwachsen war. Allein die Aufzeichnungen, die Jagdishs Vater aufbewahrt und veröffentlicht hatte, machen diesen Fall überzeugend. Er ist ein zwingender Beweis für die Realität der Reinkarnation.

Normale und anormale Reinkarnation

Viele der von Stevenson untersuchten Fälle weisen genau übereinstimmende Merkmale auf. Typisch ist, daß das vorangegangene Leben vorzeitig endete, durch Unfall, Gewalt oder Krankheit. Die Spanne zwischen den Inkarnationen war relativ kurz. (Im Falle des Ibrahim - Imad lagen nur neun Jahre zwischen dem Tod des einen und der Geburt des anderen. Häufig sind die Intervalle noch kürzer). Beide Leben fanden in der gleichen Kultur statt, oft im gleichen geographischen Umfeld. Und selbstverständlich entsann sich das Kind seines früheren Lebens. Diese Merkmale bestärken sich gegenseitig.

Viele theosophische Autoren stimmen darin überein, daß am Ende eines normal beendeten Lebens die Erfahrungen, die dem Individuum vermittelt werden sollten, tatsächlich voll realisiert wurden. Dann braucht der Mensch einen langen Zeitraum bis zum nächsten Leben, um die Resultate der Erfahrungen zu absorbieren und zu verinnerlichen. Wenn das Individuum wiedergeboren wird, soll es neue Erfahrungen machen. Die neue Inkarnation findet erst statt, wenn jede einzelne Erinnerung der vorangegangenen Persönlichkeit erloschen ist. Es gibt also keine bewußte Verbindung zwischen der alten und der neuen Persönlichkeit.

Wird jedoch das Leben abgebrochen, bevor der Mensch vorbestimmte Erfahrungen machen konnte, dann bedarf es nicht der üblichen langen Frist zur Verarbeitung des Erlebten. Auch wurde der Lebenshunger, der ihn in die Inkarnation getrieben hatte, nicht gestillt, wie das normalerweise im Laufe einer vollen Lebensspanne der Fall gewesen wäre. Diese beiden Faktoren mögen zu einer raschen Wiedergeburt führen, weil nichts da ist, was das Individuum im Zwischenstadium halten könnte; und das Leben drängt nach einem neuen Anfang. Der Mensch neigt dazu, in die gleiche Umgebung zurückzukehren, in die gleiche Region und die gleiche Kultur, in dem Versuch, die unterbrochenen Erfahrungen fortzusetzen.

Gewöhnlich sind während der langen Zeitspannen zwischen den Inkarnationen die alten Emotionen, die Gemütsverfassung und die Erinnerungen erschöpft und erloschen, so daß bei der dann stattfindenden Reinkarnation die frühere Persönlichkeit verschwunden ist und eine neue sich in dem neuen Körper zu entfalten beginnt. Im Falle einer raschen Wiederverkörperung hingegen war nicht genug Zeit vorhanden, um den Auflösungsprozeß zu vervollständigen. So tritt der Mensch wieder ins Leben und bringt Bruchstücke von Erinnerungen, Wünschen und Ängsten aus dem alten Leben mit sich.

Stevensons Fälle waren demnach vom Standpunkt des üblichen Reinkarnationsmodells abnorm. Doch ist es gerade diese Abnormität, die ihre Identifikation und Nachprüfung möglich macht. Das normale Reinkarnationsmuster hinterläßt keine leicht erkennbaren Spuren eines vorangegangenen Lebens, das abnorme hingegen tut es.

Erklärungsmodelle

Bei der Untersuchung seiner Fälle zog Stevenson eine Vielzahl möglicher Erklärungen für die Genauigkeit der berichteten Erinnerungen in Betracht:

1. *Betrug:* In den meisten Fällen ist absichtliche Täuschung am unwahrscheinlichsten. Sie würde einen raffinierten Komplott zwischen den Kindern, ihren Verwandten, Nachbarn und Fremden in anderen Städten voraussetzen. Außerdem haben mutmaßliche Verschwörer normalerweise nichts dabei zu gewinnen - sie hätten keinerlei nachvollziehbare Gründe. Eltern akzeptieren solche Erinnerungen häufig äußerst widerwillig.

2. *Kryptomnesie:* Es ist vorstellbar, daß wir fest glauben, etwas erlebt zu haben, was wir tatsächlich nur gelesen oder gehört haben, was aber unser Denkvermögen in eine Erinnerung umgesetzt hat. Solche versteckte (griechisch: *crypto-*) Erinnerung (*mnesie*) ist auch verantwortlich für das Phänomen unbewußter Plagiate. Ein Schriftsteller mag einen besonders beeindruckenden Ausspruch oder Satz, den er irgendwo gelesen hat, in seinem Gedächtnis verstauen und später glauben, er habe ihn selbst geprägt. Ein Teil von Stevensons Untersuchungen bestand darin festzustellen, ob irgend jemand, der mit dem Kind in Verbindung gestanden hatte, etwas über die Dinge wußte, die das Kind als Erinnerung erzählte.

3. *Telepathie mit den Lebenden*: Möglicherweise 'lasen' die Kinder die Gedanken lebender Personen, die von den Ereignissen wußten, und diese Informationen resultierten in Pseudo-Erinnerungen.

4. *Retro- oder Präkognition:* Ferner wäre es denkbar, daß das Kind infolge seiner außergewöhnlichen Fähigkeit Ereignisse aus der Zeit vor seiner Geburt unmittelbar wahrnimmt (*Retro-*

kognition). Oder es besitzt die phänomenale Gabe, auf irgendeine Weise die Tatsachen wahrzunehmen, die erst in der Zukunft entdeckt werden, und diese vorauszusagen (*Präkognition*).

5. *Telepathie mit Toten:* Vielleicht hat das Kind telepathischen Kontakt mit dem Bewußtsein eines Verstorbenen aufgenommen und die von ihm erhaltenen Nachrichten irrtümlich als seine eigene Erinnerung aufgefaßt.

6. *Besessenheit:* Eventuell war das Kind tatsächlich vom Geist des Verstorbenen besessen, und die mitgeteilten Erinnerungen waren in Wirklichkeit die jenes anderen Bewußtseins, das den Körper mitbewohnte und die eigentliche Persönlichkeit verdrängt hatte.

Die letzten vier dieser Annahmen sind vom Standpunkt des normalen Wissenschaftlers äußerst unwahrscheinlich und - wenn auch nicht ganz unmöglich - würden eine ebenso große Umwälzung im wissenschaftlichen Denken erfordern wie das Akzeptieren der Reinkarnation als Erklärung für diese Erinnerungen. Deshalb zog Stevenson letzten Endes den Schluß, daß generell die siebente Vermutung am wahrscheinlichsten ist:

7. *Reinkarnation:* Die Erinnerungen sind das, was sie zu sein scheinen, nämlich Erinnerungen an Erfahrungen aus einem früheren Leben des Kindes. Stevenson behauptete nie, seine Fälle würden Reinkarnation 'beweisen', jedenfalls nicht im üblichen Sinne des Wortes. Der Beweis ist schwer zu erbringen und ebenso schwer auszuwerten. Stevenson behauptet lediglich, daß diese Fälle Reinkarnation als Erklärung nahelegen und daß es keine wahrscheinlichere dafür gibt. Das ist eine bescheidene aber auch bemerkenswerte Feststellung aus dem Munde eines Wissenschaftlers. Stevensons Werk widerlegt die Behauptung, es gäbe kein wirkliches, solides Beweismaterial für die Reinkarnation. Genau das ist es, was er erbracht hat.

9.

Was reinkarniert?

Wenn Reinkarnation wegen ihres hohen Wahrscheinlichkeitswertes und des überzeugenden Beweismaterials als Grund für die Existenz der Erinnerungen an frühere Leben angenommen werden kann, dann kommt natürlich die Frage nach ihrer Funktionsweise auf. Auf diese Frage wird in dem vorliegenden und den zwei folgenden Kapiteln eingegangen, wobei wir hier beginnen zu untersuchen, was denn eigentlich reinkarniert.

Eine mögliche Antwort auf diese Frage ist: Nichts wird wiedergeboren. Das heißt, es gibt kein permanentes Selbst, welches von einem Leben in ein anderes übergeht. Vielmehr erschafft jede Lebensspanne Ursachen, die nicht alle in ihrem Verlauf verarbeitet werden können, weshalb die Ursachen eine neue Lebensform bilden, die diese 'erbt'. Nur von diesen

Ursachen läßt sich sagen, daß sie reinkarnieren, nicht jedoch das Wesen, das die Lebensspanne verkörpert hat. Das ist die Antwort des Buddhismus in Übereinstimmung mit Buddhas Lehre, daß es nirgends im Universum ein bleibendes Selbst gibt (*Anatta*).

Andere Versionen der Wiedergeburtslehre setzen jedoch eine aller Existenz zugrundeliegende Wesenheit voraus, ein absolutes Selbst, das sich periodisch in physischen Formen zum Ausdruck bringt. Die hier gegebene Antwort auf die Frage, was wiedergeboren wird, ist von dieser Art. Sie stützt sich auf Lehren der theosophischen Überlieferung, die in der Neuzeit wiederbelebt wurde seit der Gründung der *Theosophischen Gesellschaft* im Jahre 1875 durch eine russische Adlige, Helena Petrowna Blavatsky, einen amerikanischen Rechtsanwalt und Offizier, Colonel Henry Steel Olcott, einen irisch-amerikanischen Rechtsanwalt, William Quan Judge und andere.

Diese moderne theosophische Tradition beruft sich sowohl auf das Weisheitsschrifttum des Ostens und des Westens, die *Upanishaden* und andere heilige Schriften Indiens, als auch auf neuplatonische Lehren, die gnostischen Schriften des frühen Christentums sowie die Lehren einiger orientalischer Weiser, die sie den Gründern der Gesellschaft vermittelten. Sie berücksichtigt ferner die Forschungsergebnisse von Theosophen mehrerer Generationen, die sich bemühten, theosophische Lehren mit den ihnen zur Verfügung stehenden normalen und paranormalen Mitteln zu untersuchen. Angesichts der Vielzahl unterschiedlichster Quellen soll das, was hier dargelegt wird, weder als Glaubensdogma noch als wissenschaftlich erwiesene Schlußfolgerung angesehen werden. Vielmehr werden diese Erklärungen gegeben als Teil einer Weltanschauung - der theosophischen - die zum Erkennen der Einheit allen Lebens führt. Vielen Menschen erscheint diese Anschauung in ihrer Universalität als vernünftig und sinnvoll, und eine solche Gesamtschau schließt natürlich einzelne Lehren ein, die streng wissenschaftlich nicht beweisbar sind, aber Teil dieser Gesamtschau sein müssen.

Wenn wir über Reinkarnation reden, sprechen wir oft von der reinkarnierenden Wesenheit (der "Seele") und ihrem Körper, als ob sie ihn 'anlegen' würde wie ein Kleid oder einen Anzug. Tatsächlich wird gerade diese Analogie häufig benutzt, um die Beziehung zwischen "Seele" und Körper zu beschreiben. Für manche Zwecke ist sie gewiß von Nutzen, aber sie kann auch irreführend sein. Diese Analogie reflektiert die im Westen vorherrschende Ansicht, daß sich der Mensch aus zwei Bestandteilen zusammensetzt - einem Körper und einer Seele.

Im frühen Christentum sprach der Apostel Paulus von drei Bestandteilen: Körper, Seele und Geist. Diese paulinische Analyse kann auf verschiedene Arten interpretiert werden. Nach der einen Version wird der Geist als unsere tiefste Bewußtheit angesehen und die Seele als der emotional-mentale Komplex von Fähigkeiten, die der Geist benutzt, um sich durch den Körper auszudrücken. Paulus erkannte auch, daß es mehr als nur eine Art Körper geben könnte - den gewöhnlichen Leib aus Fleisch (den Alten Adam) und einen vergeistigten, verklärten Körper, der den Beschränkungen der uns bekannten physischen Materie nicht unterliegt. Doch wurde diese differenziertere Anatomie unserer Konstitution später von der Kirche aufgegeben zugunsten einer unkomplizierteren dualistischen. Wenn eine solche Anschauung für manche Zwecke auch nützlich sein mag, so ist sie doch für ein Verständnis der komplizierten menschlichen Natur beklagenswert unzulänglich.

Es ist natürlich nicht angemessen zu sagen, die Seele wird in neuen Körpern wiedergeboren, denn bei einer solchen dualistischen Auffassung wird die Seele gewöhnlich so angesehen, als würde sie Verstand, Bewußtsein, Gedächtnis, Selbst-Identität und überhaupt die meisten Bestandteile unserer Persönlichkeit einschließen. Doch es ist offensichtlich nicht die Persönlichkeit, die reinkarniert. Diese ist vielmehr eng mit dem Körper verbunden und wird deshalb in jeder Inkarnation mit dem neuen Körper neu entfaltet.

Wenn die Theosophie eine Zweiteilung der menschlichen Konstitution annimmt, dann nicht als Körper und Seele, sondern vielmehr als Persönlichkeit und Individualität, unsere beiden 'Selbste'.

Die Persönlichkeit ist das, was wir in jedem beliebigen Leben für unser 'Ich' halten. Sie ist ein Produkt der uns aus unseren früheren Leben übermittelten Impulse, des genetischen Erbes unserer Eltern und der während dieses Lebens erfahrenen Umwelteinflüsse. Sie ist das Aggregat unseres Körpers, die vitale Energie, die Eindrücke, Wahrnehmungen, Empfindungen, Gefühle, das Unterbewußte, Erinnerungen, Vorahnungen, Einbildungen und Phantasien. Sie ist das, was wir durch unseren Namen versinnbildlichen. Kurz: in unserer alltäglichen Einschätzung ist sie unser 'Ich'.

Die Individualität ist schwieriger zu beschreiben. Sie ist das Denkvermögen, das jedem einzelnen Gedanken der Persönlichkeit zugrundeliegt. Sie ist die Struktur des Verstandes, im Unterschied zu der Art und Weise, wie die Persönlichkeit bei ihrem Verkehr mit der Welt von dieser Struktur Gebrauch macht. Sie ist die Fähigkeit - in den meisten von uns nur latent - der unmittelbaren Erfahrung der Gedanken und Gefühle anderer. Sie ist ein Funke der Flamme des Einen Lebens des Universums. Unserer Persönlichkeit erscheint Individualität wie ein anderes, höheres Wesen. In der Tat ist "Schutzengel" einer der zu ihrer Beschreibung gebräuchlichen poetischen Ausdrücke.

Nach der theosophischen Auffassung ist es die Individualität, die reinkarniert, die Persönlichkeit hingegen das, was inkarniert wird. Wir sind beides, aber die Persönlichkeit ist unser zeitweiliges Selbst während einer Lebensspanne, während die Individualität das unpersönliche, wesentliche Selbst ist, das all unsere Lebensläufe gleich Perlen auf einer Schnur vereint.

Statt der zwei oder dreifältigen Einteilungen benutzt die Theosophie häufig eine siebenfältige Gliederung der menschlichen Konstitution. Die sieben Bestandteile werden *Prinzipien* genannt und setzen sich wie folgt zusammen (der häufig in der theosophischen Literatur dafür gebrauchte Sanskrit-Ausdruck wird in Klammern angegeben):

1. Das Höchste Selbst (*Atma*). Dieses Prinzip ist ein Funke des Einen Lebens des Universums. In seinem Wesen ist es identisch mit der letzten Wirklichkeit des Kosmos und ist deshalb nicht Eigentum eines Individuums. Es ist der göttliche Kern unseres Seins und allen Seins. Weil es uns allen gemeinsam ist, sind wir alle auf dieser höchsten Ebene unseres Seins vereint.
2. Intuition, Weisheit, Mitgefühl (*Buddhi*). Diese Fähigkeit ist in den meisten Menschen latent und nur in wenigen, den am höchsten Entwickelten unserer Art - den großen geistigen Führern der Menschheit - in vollkommener Form aktiv. Wenn sie aktiv ist, dient sie als Mittel zum direkten Kontakt mit anderen Wesen, nicht durch Worte oder Blicke, sondern von Geist zu Geist. Dieser direkte Kontakt führt zu vollem Verstehen, vollem Wissen, vollkommener Weisheit. Und da alles verstehen auch alles vergeben heißt, zieht er auch vollkommenes Einfühlungsvermögen und Mitgefühl nach sich.
   Selbst wenn *Buddhi* nicht aktiv ist, hat es die Funktion, *atma* zu 'stützen' bzw. zu 'enthalten'. Zusammengenommen werden diese beiden Prinzipien die *Monade* (griechisch = Einheit) genannt: die Grundlage des Bewußtseins in uns. Die *Monade* gehört an sich keinem Individuum an. Vielmehr befindet sie sich in allen Wesen als eine Art kollektive Überseele, als der gemeinsame Urgrund unserer Existenz. Diese eine Existenz in allen Wesen wird jedoch durch das nächste Prinzip individualisiert, welches die *Monade* 'enthält' oder 'reflektiert' und dadurch die kontinuierliche, reinkarnierende Individualität schafft.

3. Verstand (*Manas*). Der Verstand hat zwei Aspekte, weil er sowohl an der Individualität als auch an der Persönlichkeit teilhat:

a) Reiner oder 'höherer' Verstand. Dieser Aspekt des Verstandes ist unsere Fähigkeit zu denken; er ist auch das Muster, nach dem das Denkvermögen aufgebaut ist. Er schließt ein, was wir "die Gesetze der Logik" nennen.

Er wird hier als "reiner Verstand" bezeichnet, weil er frei ist von persönlichen Belangen und Erfahrungen. Er ist auch das, was uns zu Individuen macht. Gleich einer Schale birgt er einen Teil der universellen Monade in sich, und er bewahrt die Essenz von dem, was wir aus jeder Inkarnation lernen. Deshalb ist er das Bindeglied zwischen allen unseren Leben. Insbesondere ist er das, was inkarniert.

Der Verstand ähnelt dem römischen Gott Janus, dem Gott der Tore und des neuen Jahres, dem der Monat Januar geweiht wurde. Janus wird mit zwei Gesichtern auf den entgegengesetzten Seiten seines Hauptes dargestellt, weil er vorwärts und zurück schauen konnte. Ganz ähnlich hat auch der Verstand zwei Gesichter, von denen das eine zur *Monade*, dem universellen Einen Leben in uns blickt, das andere hingegen zur Persönlichkeit, der begrenzten Manifestation unseres Lebens in der Welt. Er wird auch als Brücke zwischen der Individualität und der Persönlichkeit bezeichnet. Nach der theosophischen Anschauung sendet zum Zeitpunkt der Inkarnation der reine Verstand einen Strahl in das Gehirn des sich entwickelnden neuen Körpers und gestaltet so den persönlichen Verstand für das bevorstehende Leben, d.h. den *anderen* Aspekt des Verstandes.

b) Gehirn oder 'niederer' Verstand. Dieser zweite Aspekt des Verstandes ist das, was wir gewöhnlich meinen, wenn wir landläufig von unserem Verstand sprechen. Er wird im Laufe des Lebens graduell aufgebaut, beruht auf den physischen Merkmalen des Gehirns, den Umwelteinflüssen, denen wir ausgesetzt sind, und dem vom höheren Verstand empfangenen Impuls. Er ist das Werkzeug zur

Verarbeitung und zum Einsatz unserer Gedanken. Er ist der Ort unseres Ich-Gefühls. Stärker als jedes andere Prinzip ist er das, was wir als 'Ich' identifizieren. Auch hängt er eng mit dem nächsten Prinzip zusammen.

4. Wunsch, Leidenschaft, Gemütsbewegung (*Kama*). Dies ist das Prinzip in uns, das positiv oder negativ reagiert. Es hat Zu- und Abneigungen. Es führt zum Anhaften. Es liebt und haßt. Es liegt allen Emotionen zugrunde und ist die treibende Kraft allen Tuns. Weil dieses Prinzip sich mitunter sehr heftig äußert und stets irrational auftritt, hat es einen schlechten Ruf. Aber es ist für das Leben von wesentlicher Bedeutung.

   Als Quelle unserer Motivation ist *Kama* ein wichtiger und positiver Aspekt unseres Daseins. Richtig eingestellt, reagiert es nicht nur auf Sinneseindrücke, sondern auch auf unsere innersten Intuitionen. So hat *Kama* ähnlich dem Verstand, mit dem es während der Inkarnation eng verknüpft ist, zwei Aspekte.

   Bei den alten Griechen war das Äquivalent für *Kama* der Gott Eros, Wunsch oder Leidenschaft. Sie sagten, es gäbe in Wirklichkeit zwei solche Gottheiten - eine himmlische und eine irdische. Dem himmlischen Eros war die Entstehung der Welt zuzuschreiben, und er war der Urquell von Ordnung und Beziehungen in der Welt. Der irdische Eros war verantwortlich für physische Anziehung und geschlechtliche Liebe unter den irdischen Kreaturen. Doch die beiden Götter Eros sind - gleich den beiden Aspekten von *Kama* - nur zwei verschiedene Funktionen der gleichen Kraft, eine auf der kosmischen Bühne wirkend und die andere auf der persönlichen. So ist also *Kama* nichts Schlechtes. Ohne es könnten wir nicht in dieser Welt leben.

5. Lebensenergie, vitale Kraft, Libido (*Prana*, wörtlich 'Atem'). Dieses Prinzip wird manchmal *Jiva*, Leben, genannt. Es sind dies die feineren 'Säfte' in uns, ist lebenswichtige Elektrizität, welche Kraft in unsere psychische Apparatur pumpt. Ihr regelmäßiger Strom ist unerläßlich für die Gesundheit von Leib und Verstand. Wenn der Energiezufluß nachläßt oder träge fließt, fühlen wir uns schwach.

Strömt er kräftig und reichlich, dann fühlen wir uns 'in Form'. Dieser Energiestrom ist teilweise automatisch und richtet sich nach den Umweltbedingungen, teilweise wird er beeinflußt durch unsere Zu- und Abneigungen (*Kama*). Ohne ihn ist der Körper tot.

6. Feinstofflicher Körper, in der frühen theosophischen Literatur 'astral' genannt, später 'Ätherkörper', (*Linga sharira*, dessen wörtliche Übersetzung 'charakteristische bzw. kennzeichnende Form' ist). Zusätzlich zu dem physischen Körper gibt es einen anderen Aspekt des Körpers, der auch aus Materie besteht, aber aus feinstofflicherer. Er wird von der Lebensenergie durchströmt, und er liefert das Muster bzw. die Schablone, nach der sich der physische Körper entwickelt. Bisweilen wird er das 'Doppel' genannt, doch genau genommen wäre das nächste Prinzip, der physische Körper, das Doppel dieser charakteristischen Form.
7. Der feste, physische Körper (*Sthula sharira*). Das ist unser gewöhnlicher, physische Körper, ist Hamlets 'allzu festes Fleisch'. Doch ist er auch die Basis unserer Persönlichkeit, die Grundlage unseres Lebens in der physischen Welt, die Ausdrucksform all unserer anderen Prinzipien und deshalb nicht unwichtig.

Die ersten drei dieser Prinzipien sind eine der Individualität entsprechende Triade: höchstes Selbst, Intuition und reiner Verstand. Die anderen vier sind der Persönlichkeit äquivalent; der mit *Kama* verkettete Gehirn-Verstand, die Lebensenergie, der feinstoffliche und der physische Körper. Das Bedeutsame an dieser siebenfältigen Gliederung ist, daß wir demnach zusammengesetzte Wesenheiten sind. Es gibt keinen einzelnen, getrennten, bleibenden Kern, der wirklich 'wir' ist.

Die theosophische Anschauung stimmt mit der buddhistischen Lehre von *Anatta* überein, wenn diese so verstanden wird, daß wir nicht ewig gesonderte Wesen sind, sondern vielmehr Manifestationen des einen 'Seins' oder der absoluten Wirklichkeit in Zeit und Raum. Das heißt, daß sich nicht etwa eine 'kleine Person' in uns befindet, die unsere wirkliche

Identität, unsere separate ewige 'Seele' im üblichen Sinne des Wortes ist. Vielmehr sind wir ein den buddhistischen *skandhas* vergleichbarer Komplex von Anlagen oder Prinzipien. Die die Persönlichkeit bildenden Prinzipien werden für jede Inkarnation neu gestaltet, sind also vergänglich. Die aus dem höchsten Selbst und der Intuition bestehende Monade ist die Grundlage unserer Existenz, sie ist unpersönlich und nicht individualisiert.

Das einem bleibenden innersten Selbst am nächsten Kommende ist der reine Verstand. Er individualisiert die *Monade* in jedem von uns und ist das, was reinkarniert. Diese Verbindung von reinem Verstand und *Monade* wird in der theosophischen Literatur als das *Ego* (lateinisch 'ich') bezeichnet. Diese theosophische Anwendung von *Ego* ist zwar mit dem Gebrauch des Ausdrucks in der Psychologie verwandt, ist aber anders zu verstehen.

Jeder von uns identifiziert etwas in sich als sein 'Ich', das er für das wahre Ich hält, den Mittelpunkt seines Daseins. Wir mögen dieses Gefühl des Ich-Seins oder *Ego* in unserem physischen Körper lokalisieren, in unseren Körperfunktionen, Gemütsbewegungen oder im Gehirn-Verstand. Das reinkarnierende Selbst ist jedoch keines von all diesen. Somit erinnert uns der theosophische Gebrauch des Ausdrucks *Ego* daran, daß es am besten ist, den Mittelpunkt unseres Seins nicht mit irgendeinem der vergänglichen Bestandteile unserer Natur zu identifizieren, sondern mit dem, was das Vergängliche überdauert. Die Wichtigkeit der richtigen Identifikation wird im nächsten Kapitel deutlich, wo wir auf unsere nachtodlichen Erfahrungen zu sprechen kommen.

Obwohl der reine Verstand unserem Gefühl getrennter Identität zugrundeliegt, ist er kein unabhängiges Bewußtsein, sondern ein Träger des Einen Bewußtseins in allem Leben. Er überdauert lange Zeiten, viele Lebensspannen und verknüpft eine Reihe historischer Persönlichkeiten miteinander als 'Ich'. Während dieser Serie persönlicher Leben ist er die Basis unseres 'höheren', 'innersten' oder 'wesentlichen' Selbst, unserer Individualität, einer dem Mystiker vertrauten Präsenz des Überselbst. Doch schließlich ist auch der reine Verstand vergänglich - er ist lediglich ein Komplex, der dem Einen Selbst, ermöglicht, das Spiel des Lebens zu spielen. Wir sind alles andere als unkomplizierte Wesen..

Fünf Bereiche

Wenn wir vom Verstand nicht als Bewußtsein selbst, sondern als "Träger" sprechen, durch den das Bewußtsein funktioniert, führt uns dies zu einer weiteren, ergänzenden Betrachtungsweise der menschlichen Konstitution, es führt uns zu dem, was reinkarniert. Die gerade beschriebenen Prinzipien sind ein Konglomerat. Sie sind dicht- oder feinstofflichere Grade von Materie, Energie, Gefühlen, von Denkvermögen und von einigen geistigen Elementen, die schwer zu beschreiben sind. Sie sind offensichtlich nicht alle von gleicher Qualität. Eine andere, ergänzende Betrachtungsweise der menschlichen Konstitution bietet mehr Kongruenz.

Ihr zufolge befindet sich in uns eine Bewußtseinseinheit, die Monade. Diese Bewußtseinseinheit findet simultan Ausdruck durch mehrere unterschiedlich zusammengesetzte Materie-Arten.

Die Welt besteht ja neben der von uns normalerweise wahrgenommenen festen Materie aus zunehmend feineren stofflichen Festigkeitsgraden. Von diesen sind fünf besonders wichtig für unsere Diskussion.

Viele Dinge, die wir gewöhnlich für immateriell halten - Energien, Gemütsbewegungen, Gedanken, Bestrebungen - können wir uns auch als Formen oder Schwingungen in unterschiedlichen Feinheitsgraden von Stofflichkeit vorstellen. Diese Auffassung, die zwar anfangs sehr befremdlich schien, als sie von der Theosophie gelehrt wurde, sollte heute nicht mehr so abseitig erscheinen, denn inzwischen ist in der Physik die Tatsache zum Gemeinplatz geworden, daß Energie und Masse (oder, grob gesagt, Materie) äquivalent sind. Die Schranken zwischen dem Stofflichen und dem Nichtstofflichen sind aufgehoben.

So fragte einer der frühen östlichen Lehrer einen Schüler rhetorisch: "Aber gibt es ... eine Empfindung, eine abstrakte Vorstellung, eine seelische Neigung oder mentale Kraft, die man ein absolut nichtmolekulares Phänomen nennen könnte?" (*Mahatma-Briefe*, Band 2, S. 160). Weiter schrieb er: "... wir glauben an MATERIE in ihrer Unsichtbarkeit..." (Band 2., S. 211) und: "... daß Gedanken Dinge sind - Zähigkeit, Kohäsion und Leben besitzen -, daß sie wirkliche Wesenheiten sind..." (Band I, S.187). Die Theosophie vertritt die Ansicht, daß es außer der physischen noch andere Materie-Arten gibt und daß das, was wir für immaterielle Gedanken und Gefühle halten, tatsächlich Phänomene solch feinerer Materie sind.

Wir können uns feinere Grade der Materie auf verschiedene Weisen vorstellen. Man kann sie sich z. B. als der uns bekannten Materie wesensgleich denken, jedoch von verfeinerter Struktur, die unsere physischen Sinne nicht mehr wahrzunehmen vermögen. Die moderne Physik lehrt, daß physischer Stoff letztlich etwas ganz anderes ist als das, was unsere Sinne uns vermitteln. Von den atomaren und subatomaren Ebenen aus betrachtet, ist die dichteste und unbeweglichste physische Materie größtenteils leerer Raum mit Energiequanten, die mit irritierender Unvorhersehbarkeit aufleuchten und verlöschen. Man braucht nicht viel Einbildungskraft, um sich andere Manifestationen der gleichen Energie als Formen von Materie mit anderen Eigenschaften als jene des gewöhnlichen physischen Stoffes vorzustellen.

Wir können uns diese Arten von Materie auch als 'Felder' vorstellen, als Regionen des multidimensionalen kosmischen Raumes, in denen charakteristische Kräfte bzw. Eigenschaften wirken. Solche Felder sind nicht voneinander getrennt, sie können sich gegenseitig durchdringen, und das geschieht auch. Innerhalb des gleichen Areals im dreidimensionalen Raum können viele verschiedene Felder gleichzeitig existieren. Schwerkraft ist ein solches Feld, und zur Definition unseres Verständnisses von physischer Welt und Materie ist sie möglicherweise ausschlaggebend. Andere Felder mögen Welten anderer Art oder verschiedene Sorten von Materie definieren, wobei sich alle gegenseitig durchdringen und jedes für sich Einfluß auf uns nimmt.

Wie immer wir uns derartige andere Realitäten vorstellen mögen - wir brauchen Metaphern, um uns zum Erkennen von Dingen zu verhelfen, die außerhalb unserer normalen Sinneserfahrung liegen. Der Gebrauch von Metaphern ist durchaus zulässig; sie werden schon immer benutzt, auch von der modernen Wissenschaft. Doch müssen wir uns davor hüten, die Metaphern mit den Tatsachen, die sie veranschaulichen sollen, zu verwechseln.

Von den verschiedenen Arten Materie bzw. den Feldern sind fünf für die Reinkarnation bedeutsam. Sie werden häufig 'Ebenen' genannt: und dieser metaphorische Ausdruck soll auch hier zur Anwendung kommen. Doch darf er nicht zu der irrtümlichen Annahme führen, die mit "Ebene" beschriebenen Wirklichkeiten seien genau begrenzte Schichten, wie etwa bei geologischen Ablagerungen. Wir haben Körper oder "Träger", die aus der jeweiligen Materie der 'Ebenen' zusammengesetzt sind. Dadurch haben wir Kontakt mit jeder dieser Ebenen. Man nennt die Körper (oder "Träger") auch "Aura", denn Hellseher haben sie als den physischen Körper umgebende Strahlenkränze beschrieben. Das Bewußtsein der Monade wirkt nun auf folgenden Ebenen durch die entsprechenden Träger oder Körper:

1. 'Höhere' Mentalebenen und Kausalbereich. Sie entsprechen dem Prinzip des reinen Verstandes. Der Träger wird als Kausalbereich bezeichnet, weil er als Mittelpunkt unserer Individualität der Verursacher all unserer Persönlichkeiten ist.
2. 'Niedere' Mentalebenen und Mentalbereich. Sie entsprechen dem Gehirn-Verstand.
3. Emotional- (bisweilen Astral-)ebenen und -bereich. Sie entsprechen dem Wunschprinzip.
4. Vital- (manchmal "Äther"- oder auch Astral-)ebene, bzw. -bereich. Sie entspricht den beiden Prinzipien des feinstofflichen Bereichs und der Lebensenergie.
5. Feste, physische Ebene und Körper. Sie sind die Welt, die wir normalerweise wahrnehmen, und der physische Körper, durch den diese Wahrnehmung geschieht.

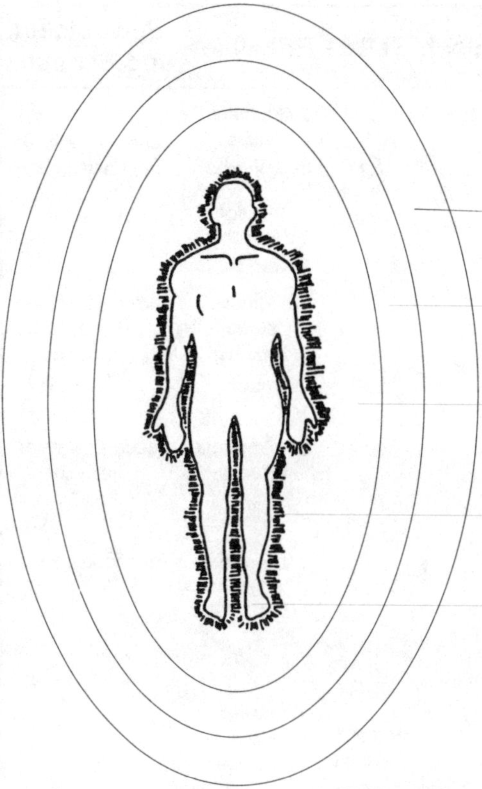

Die Konstitution des Menschen

Nach der theosophischen Auslegung inkarniert das Eine Bewußtsein, das als unsere Individualität im Kausalbereich weilt, indem es Materie der anderen Ebenen in sich versammelt und daraus neue "Körper" bildet - mentale, emotionale, vitale und feste physische Körper. Sie alle stellen in ihrer Gesamtheit die Persönlichkeit einer neuen Lebensspanne dar. Am Ende des Lebens werden nach dem Tod des physischen Körpers die anderen Bereiche allmählich abgelegt und aufgelöst; die Persönlichkeit verschwindet, und die Individualität bleibt zurück, um erneut einen Inkarnationsprozeß zu beginnen.

<table>
<tr><th>Allgemein</th><th>Paulinisch</th><th>Selbst</th><th>Prinzipien</th><th>Bewußtsein und Bereiche</th></tr>
<tr><td rowspan="7">Seele</td><td rowspan="3">Geist</td><td rowspan="3">Individualität
Ego
höheres Selbst</td><td>Höchstes Selbst (Atma)</td><td rowspan="2">unsere Teilhabe am kosmischen Bewußtsein (Monade)</td></tr>
<tr><td>Intuition (Buddhi)</td></tr>
<tr><td>reiner Verstand (Manas)</td><td>höherer Mental- (kausal-) bereich</td></tr>
<tr><td rowspan="2">Seele</td><td rowspan="5">Persönlichkeit
Ego
niederes Selbst</td><td>Kopfverstand (Manas)</td><td>niederer Mentalbereich</td></tr>
<tr><td>Wünsche (Kama)</td><td>Emotionalbereich</td></tr>
<tr><td rowspan="3">Körper</td><td>Lebensenergie (Prana)</td><td rowspan="2">Vitalbereich</td></tr>
<tr><td>charakteristische Form (Linga sharira)</td></tr>
<tr><td>Körper</td><td>feste Form (Sthula sharira)</td><td>physischer Körper</td></tr>
</table>

Bestandteile der menschlichen Konstitution

Schlußfolgerung

In diesem Kapitel wurden verschiedene Betrachtungweisen beschrieben, die versuchen, einen Überblick über die menschliche Konstitution zu vermitteln, darunter drei in der Weisheitstradition und in modernen theosophischen Schriften gebräuchliche Ansichten: 1. eine Dualität der vergänglichen Persönlichkeit und der länger lebenden Individualität, 2. sieben Prinzipien, 3. das kosmische Bewußtsein, das sich durch fünf "Träger" zum Ausdruck bringt. Diese verschiedenen Möglichkeiten der Selbstbetrachtung sind nur alternative Anschauungen der gleichen Wirklichkeit. Welche davon wir verwenden, ist eine Frage der Nützlichkeit - ob wir uns nun eine Dualität (ein individuelles und ein persönliches Selbst), einen Komplex von sieben Prinzipien oder das durch fünf "Träger" oder Bereiche funktionierende Bewußtsein vorstellen. Allgemein kann gesagt werden, daß die vom Menschen erkannte und als Wissen akzeptierte Realität der Dinge in dieser Welt bestimmt wird durch die Zweckmäßigkeit und Zweckgebundenheit der Betrachtungsweise. Physiker beschreiben z. B. Licht bisweilen als extrem kleine Partikel, bisweilen als Wellen in einer Substanz. Es hat keinen Sinn, sie zu fragen: "Was ist Licht denn nun *wirklich* - Partikel oder Welle?" Sie können es nicht sagen. Sie wissen nur, daß Licht sich manchmal wie Wellen, manchmal wie Partikel verhält. Unsere Betrachtungsweise richtet sich nach der jeweils größten Zweckmäßigkeit.

Im Bezug auf die Beantwortung der Frage, mit der sich dieses Kapitel in erster Linie befaßt, nämlich, "Was reinkarniert?", ist die Unterschiedlichkeit der Betrachtungsweisen irrelevant. Ob Dualität des Selbst, sieben Prinzipien oder kosmisches Bewußtsein und die fünf Träger oder Bereiche - die drei Modelle unserer Konstitution machen eine einheitliche Aussage:

1. Das individuelle Selbst, das ein Ausdruck des Einen Lebens des Universums ist und durch alle aufeinanderfolgenden Lebensläufe fortdauert, manifestiert sich durch Inkarnation als Persönlichkeit, deren Existenz nur eine Lebensspanne währt.

2. Die Triade von höchstem Selbst, Intuition und reinem Verstand manifestiert sich durch Inkarnation als die Vierheit von Gehirn-Verstand und Wunsch, Lebensenergie, feinstofflicher Bereich und physischer Körper.

3. Der durch den Kausalkörper individualisierte Teil des kosmischen Bewußtseins, die Monade, bringt sich in den mentalen, emotionalen, vitalen und physischen Welten zum Ausdruck, indem es sich in den diesen Welten entsprechenden Bereichen inkarniert.

Die Ausdrücke und Klassifizierungen sind unterschiedlich, doch die ihnen zugrundeliegende Wirklichkeit ist die gleiche. Licht leuchtet, ob als Partikel oder Welle. Die zwei nächsten Kapitel setzen sich mit dem Vorgang auseinander, durch den das Selbst, die Prinzipien oder Körper (Ebenen, Bereiche) am Zyklus von Leben und Tod teilnehmen, beginnend mit dem Ereignis des Todes.

10.

Was geschieht, wenn wir sterben?

Obgleich das menschliche Wesen kompliziert ist und sich aus verschiedenen Elementen zusammensetzt, nehmen wir uns doch gewöhnlich als ein Ganzes wahr. In der Tat, unser seelisches und geistiges Gleichgewicht setzt die eindeutige Erkennung eines einzigen Zentrums voraus, des Ego oder persönlichen Selbst innerhalb des Komplexes unserer Psyche. Die Notwendigkeit eines Gefühls der Ganzheit betrifft sowohl das Leben als auch den Tod, obwohl wir nach dem Tod zu einer Neueinschätzung dessen, wer und was wir sind, gezwungen sein mögen.

In der theosophischen Überlieferung gibt es zahlreiche Hinweise auf den nachtodlichen Zustand und die Zustände zwischen den Inkarnationen. Diese Hinweise sind erst kürzlich durch Untersuchungen von Berichten bestätigt worden, die auf den Erfahrungen von Menschen beruhen, die an der Schwelle zum Tod gestanden und überlebt haben. Weiterhin wurden die Hinweise bestätigt durch hypnotische Rückführungen in den Zustand zwischen Inkarnationen.

Nah-Todeserfahrungen

Die jüngsten Untersuchungen von Erlebnissen in Todesnähe scheinen Shakespeares Ausspruch "von jenem unentdeckten Land, aus dem kein Wanderer wiederkehrt", zu widerlegen. Viele Leute sind bis an die Grenze des Landes der Toten gelangt und von dort zurückgekehrt, um dann davon zu erzählen. In diesen Fällen waren die Menschen bereits im Begriff zu sterben, bisweilen sogar schon für klinisch tot erklärt, wurden aber wieder ins Leben zurückgerufen. Nachdem sie ihr physisches Bewußtsein wiedererlangt hatten, erinnerten sie sich ihrer in der Nähe des Todes gemachten Erfahrungen.

Solche Erlebnisse wurden zum Gegenstand intensiver Untersuchungen durch verschiedene Forscher wie Elisabeth Kübler-Ross, Raymond A. Moody, Kenneth Ring und Michael B. Sabom. Diese Forscher haben Personen befragt, die mit ihren Erinnerungen aus einem solchen Zustand zurückgekehrt waren. All die vielen von ihnen ausgeloteten Fälle zeigten einen gemeinsamen Kern von Erinnerungen, welche "Erfahrungen in Todesnähe" oder "Nah-Todeserfahrungen" genannt werden.

Häufig übten derartige Erinnerungen eine nachhaltige Wirkung auf den Betroffenen aus, bewogen ihn zu einer radikalen Änderung seiner Einstellung zu Leben und Tod und zu seinen Mitmenschen. Die Erfahrung selbst ist keineswegs beängstigend. Wer sie gemacht hat, sieht seinem künftigen Tod voll Ruhe und Furchtlosigkeit entgegen.

Menschen mit solchen Erfahrungen sind außerstande, sie in geeignete Worte zu fassen. Sie lösen ein Gefühl der Zeitlosigkeit aus, und auch das Empfinden verstärkter Wirklichkeit. Sie gleichen weder Träumen noch Halluzinationen, sondern werden eher beschrieben als "wirklicher als wirklich". Die Betreffenden wissen, daß sie sterben, dennoch verlieren sie jedes Gefühl von Furcht oder Trauer. Sie fühlen Glück und geradezu freudige Erregung. Wenn solche Todesnähe-Erfahrungen typisch sind für das, was uns erwartet, sobald wir sterben, dann sind sie von erheblichem Interesse.

Hunderte von Fällen wurden inzwischen untersucht, und sie weisen eine bemerkenswerte Übereinstimmung auf. Die Erfahrungen sind nicht etwa identisch; in den Details weichen sie voneinander ab, aber die Ereignisse und häufig auch deren Reihenfolge stimmen überein. Das begleitende Gefühl der Zeitlosigkeit erklärt sich aus der eher thematisch als chronologisch wahrgenommenen Aufeinanderfolge.

Das Erlebnis zeigt zwei Hauptaspekte. Der eine ist in der Nähe des sterbenden Körpers lokalisiert, wobei der Mensch auf seinen Körper hinabblickt und die Geschehnisse um diesen herum wahrnimmt. Der andere Aspekt ist transzendental und befindet sich in einer symbolischen Umgebung. Die Elemente der beiden Aspekte, die sich miteinander vermischen können, sind die folgenden:

1. Das Erlebnis kann durch ein Geräusch ausgelöst werden - wie pfeifender Wind oder ein brausender, schallender Ton.
2. Es herrscht ein Gefühl tiefen Friedens und Wohlbefindens, Freisein von jeglichem Schmerz oder Angst.
3. Der Sterbende gewahrt seine Trennung vom Körper, erblickt den Raum einschließlich seines eigenen Körpers, wie von der Zimmerdecke aus.
4. Der Sterbende sieht das Geschehen um seinen Körper, vernimmt Diskussionen von Ärzten und Krankenschwestern oder anderen Anwesenden am Totenbett. Die Übereinstimmung solcher Berichte wurde in vielen Fällen bestätigt. Die Sterbenden nehmen ihre Umgebung wahr; doch sind sie nicht mehr im Körper, der bewußtlos ist.
5. Das vom physischen Körper befreite Bewußtsein scheint eine andere Art Körper zu besitzen und erkennt, daß es sich an andere Orte begeben kann, wenn es nur an diese denkt.

6. Der Sterbende wird einer Lebensrückschau unterzogen, die sich als rasch ablaufender Film vor ihm abspielt, entweder vorwärts oder rückwärts oder auch nicht genau chronologisch, sondern in thematischer Reihenfolge.
7. Der Sterbende gerät in tiefe Finsternis - einen Tunnel oder eine Leere.
8. Am Ende des Tunnels oder irgendwo im Leeren strahlt ein Licht auf und wird stärker. Das Licht leuchtet intensiv, aber nicht schmerzend - im Gegenteil: es ist ein Licht der Offenbarung.
9. Der Sterbende betritt die Welt des Lichts - ein Reich überwältigenden Glanzes und großer Schönheit. Diese Welt mag eine Blumenwiese sein oder ein anderer realistischer Ort, aber sie ist stets von berückender Schönheit. Es gibt eine alte Überlieferung vom Paradies, aus dem wir kamen und in das wir zurückkehren, als *locus amoenus* oder 'angenehmer Ort'. Diese Tradition stimmt mit dem entsprechenden Aspekt des Nah-Todeserlebnisses völlig überein.
10. Es findet eine Begegnung mit jemandem statt. Der Sterbende spürt eine Gegenwart, hört eine Stimme oder erblickt eine Gestalt. Zuweilen findet diese Begegnung mit einem vor langer Zeit verstorbenen Verwandten oder Freund statt. Manchmal ist es die Gegenwart einer göttlichen Gestalt - die Erwartungen des Sterbenden scheinen die Gestalt zu formen. Diejenigen z. B., die hoffen, in Jesu Arme zu sinken, sehen ihn warten.
11. Dem Sterbenden wird gesagt, daß eine Entscheidung getroffen werden muß, ob er ins Leben zurückkehrt oder im Zustand des Todes verbleibt. Oft drängt ihn der Anwesende zur Rückkehr. Es scheint eine Schranke oder Grenze zu geben, die der Sterbende durchschreiten muß, oder an der er zurückkehrt.
12. Der Entschluß zur Rückkehr wird oft widerwillig gefaßt. Bisweilen vollzieht sich die Rückkehr ungewollt und mit dem Gefühl, gedrängt zu werden.

Nicht alle über ihre Nah-Todeserfahrungen Befragten haben sämtliche zwölf Stadien durchgemacht. Aber alles, was sie berichteten, paßt in dieses Schema. Diese Nah-Todeserfahrungen sind natürlich nicht der Tod selbst, denn der Mensch lebt danach weiter. Aber diese Berichte bringen das nahe, was der Anfang des Todes sein könnte, wie die ersten Schritte auf der anderen Seite sein könnten. Zur Fortsetzung der Geschichte müssen wir uns anderen Quellen zuwenden.

Unter Hypnose erinnertes Bardo

In der tibetischen Tradition wird der Zustand zwischen den Inkarnationen *Bardo* genannt; diesen Ausdruck benutzte der Psychiater Joel L. Whitton aus Toronto in seinem Buch *Life Between Life*. Während Whitton in seiner psychiatrischen Praxis Rückführungen in frühere Leben durchführte, entdeckte er, daß manche Patienten sich auch an Einzelheiten aus ihrer Existenz zwischen den Erdenleben entsannen. Die Berichte von Whittons Patienten ebenso wie die anderer Hypnotisierter ähneln in beträchtlichem Ausmaß den Nah-Todeserfahrungen. Doch gibt es bedeutende zusätzliche Einzelheiten.

Whittons Patienten sprechen von einem Gefühl der Unpersönlichkeit im *Bardo*-Zustand im Gegensatz sowohl zur Todesnähe-Erfahrung als auch der Regression in frühere Leben. Einer von ihnen berichtete: "Bei der Erinnerung an ein früheres Leben sieht man sich selbst als eindeutige Persönlichkeit, wodurch eine emotionale Reaktion ausgelöst wird. Im Stadium zwischen den Leben hingegen kann ich keinen Bestandteil meiner selbst ausmachen. Ich bin ein von Bildern umgebener Beobachter".

Das Maß an Selbst-Bewußtsein im *Bardo* ist variabel. Menschen, die während ihres Lebens um geistige Entfaltung bemüht waren, sind im Zwischenstadium bei Bewußtsein; wer hingegen seine Aufmerksamkeit ausschließlich auf irdische Belange konzentriert hatte, neigt dazu, den *Bardo*-Zustand zu verschlafen. Andere bestätigen ein Gefühl der Zeitlosigkeit nach dem Tod, d. h. es erscheint keine Aufeinanderfolge, sondern eher eine 'Collage von Gleichzeitigkeiten' zu geben. Die Toten scheinen nur beim Verlassen des Erdenlebens oder beim Wiedereintritt in dieses einer zeitlichen Reihenfolge gewahr zu werden. Zeit, wie wir sie kennen, ist nicht kennzeichnend für den Zustand nach dem Tod. Der Tunnel, das Licht und die schöne Umgebung werden alle auch vom *Bardo* berichtet. Auch scheinen Gedanken und Erwartungen des einzelnen die Umwelt des *Bardo* zu gestalten, so wie dies auch beim Nah-Todeserlebnis geschieht.

Whittons Versuchspersonen berichteten von Begegnungen mit etwas, das er eine "gerichtliche Kommission" nannte, die bezeichnenderweise aus drei Gestalten besteht, die dem Verstorbenen helfen, ein unparteiisches, doch wohlwollendes und ermutigendes Urteil über sein vergangenes Leben zu fällen. Der Urteilsprozeß wird begleitet von einer Rückschau auf das vergangene Leben. Außerdem findet eine Beratung statt, wobei der Mensch den Lauf des künftigen Lebens entwirft und Entscheidungen trifft.

Das Urteilsthema taucht in vielen Überlieferungen der Welt über das Geschehen nach dem Tode auf. Im alten Ägypten wurde die Seele gegen die "Feder der Wahrheit" abgewogen. Bei den Zoroastrern wird die Seele gewogen, während sie auf einer Brücke balanciert, die über den Abgrund zwischen Erde und Himmel gespannt ist. Die Trinität der das Schicksal regelnden Gestalten ist auch in der griechischen Mythologie durch die drei Schicksalsgöttinnen, ebenso durch die germanischen Nornen bekannt (sie sind auch in Macbeths drei Schicksalsschwestern zu erkennen).

Die Erfahrungen von Whittons Patienten stimmen mit Berichten von Menschen überein, die sich in Todesnähe befunden haben, und auch mit den theosophischen Überlieferungen über das Leben nach dem Tod, die noch beschrieben werden. Diese Ähnlichkeiten können schwerlich Zufall sein. Zweifellos kannten manche seiner Patienten die Berichte anderer Personen und diese oder Whittons eigene Ideen mögen sie beeinflußt haben. Doch ist es durchaus möglich, daß alle diese Beschreibungen der gleichen Wirklichkeit entspringen und sich deshalb ähneln.

In der theosophischen Überlieferung gibt es mehrere Aussagen über den nachtodlichen Zustand, die den individuellen Erfahrungen, Interessen und Gemütsverfassungen derjenigen entsprechen, die darüber berichtet haben. Die folgende Beschreibung setzt sich aus mehreren Versionen zusammen. Da die Erwartungen eines Sterbenden die nachtodliche Erfahrung stark beeinflussen, kann es noch andere Möglichkeiten außer der hier skizzierten geben.

Wenn unser physischer Körper stirbt, wird in dem Moment, bevor das Gehirn versagt, unser Erinnerungsvermögen besonders intensiv und die Ereignisse unseres Lebens laufen wie ein Film vor unserem inneren Auge ab. Es ist dies die Lebensrückschau der Nah-Todeserfahrung. Sie ermöglicht es, unser Leben in seiner Gesamtheit zu sehen und zu beurteilen, wie weit wir die vor unserer Geburt gehegten Absichten erfüllt haben. Wir schätzen die Leistungen unseres Lebens ein - nicht unter dem Vorzeichen des Vorwurfs oder der Selbstzufriedenheit, sondern einfach als Beobachtung dessen, was wir getan haben.

Im Moment des physischen Todes trennt sich der Vital- oder feinstoffliche Bereich endgültig vom Körper. Während des Lebens sind beide Bereiche durch eine "Schnur" aus feinstofflicher Materie verbunden - auch im Schlaf oder bei Betäubung der Sinne; beim Eintritt des Todes zerreißt diese Bindung. Die Lebensenergie löst sich auf, das Bewußtsein geht über in eine andere Dimension des Seins. Die Schwelle der Nahtodeserfahrung ist überschritten.

Wenn die Gestorbenen Eindrücke von ihrer Umgebung behalten, kann diese Erfahrung eine Desorientierung verursachen. Möglicherweise merken sie vorerst garnicht, daß eine Schwelle überschritten wurde, denn die sie nun umgebende Welt sieht wie die aus dem Leben vertraute physische aus. Nur allmählich kommt die Einsicht des neuen Zustandes in einer anderen Dimension der Realität. Dabei unterstützen den Ankömmling 'Helfer', bereits Gestorbene oder auch lebende Personen, die fähig sind, im Schlaf in der anderen Dimension aktiv zu sein. Diese Helfer ähneln den während der Nahtodeserfahrung begegneten Freunden oder Verwandten. Sie helfen dem Gestorbenen in den Phasen des Übergangs. Zu diesem Übergang gehört auch die Loslösung des emotionalen und des mentalen Prinzips vom Vitalbereich, der in der Nähe des Leichnams bleibt - die beiden sind nun abgelegte Bewußtseinsträger und lösen sich allmählich auf; Einäscherung beschleunigt diesen Prozeß und zerstört auf hygienische Weise die physischen und die psychischen Überreste.

In diesem nachtodlichen Stadium lösen sich die von der Persönlichkeit noch übriggebliebenen Elemente allmählich vom eigentlichen Selbst, welches sie zum Ausdruck gebracht hatten, und reorganisieren sich. Es ist, als würden verschiedene Substanzen in einer Flüssigkeit aufgelöst und dann kristallisiert oder ausgestoßen, wonach jede sich der Ebene zuordnet, der sie angehört. Unsere Psyche, die während des Lebens ein Konglomerat von Impulsen, Emotionen, Gedanken, Empfindungen und Identitäten ist, wird jetzt in zwei größere Teile getrennt.

All unsere einzig mit dem vergangenen Leben befaßten, persönlichen Gedanken und Emotionen ballen sich jetzt als umgebende Schale zusammen, ähnlich der Schale einer Frucht oder dem Kokon einer Raupe. Der andere Teil - alles Großzügige, Edle, Altruistische, Wertvolle - wird vom geistigen Kern unseres Wesens absorbiert, dem eigentlichen Selbst in uns (dem mit der Monade verknüpften reinen Geist). In dieser Absorbierungs- oder Transformationsperiode wandelt und entwickelt sich unser wahres Selbst durch den Prozess der Einbeziehung der Früchte unseres vergangenen Lebens in den bleibenden Kern unseres Seins (die Individualität). Es ist die Umwandlung der Raupe zum Schmetterling, der darauf wartet, aus dem Kokon hervorzutreten in das Licht einer idealisierten Welt.

Der Vorgang der Trennung der wertvollen von den weniger wertvollen Bestandteilen in uns wird als 'Ringen' bezeichnet. So wie der Schmetterling kämpfen muß, um sich aus seiner Chrysalis zu befreien, bevor er davonfliegen kann, ebenso muß sich die Individualität von den Beschränkungen durch ihre alte Persönlichkeit freimachen und nur das zurückbehalten, was sie umwandeln kann, alles andere muß sie zurücklassen. Als leere Hülle bleibt unsere alte Persönlichkeit zurück, denn wir brauchen sie nicht mehr. Der 'Schmetterling' ist unsere wahre Individualität, die viele Tode überlebt und dabei an Weisheit und Mitgefühl wächst.

Die Intensität des Ringens hängt davon ab, womit wir uns während des Lebens identifiziert haben. Wenn wir uns in erster Linie als Körper mit physischen Funktionen, persönlichen Emotionen und Gedanken gesehen haben, dann wird der Kampf hart und langwierig sein, weil wir nicht gewillt sind, leichthin aufzugeben, was wir so lange als unser Selbst angesehen hatten. Dies erscheint dann wie ein zweiter Tod. Wir werden nach der Hülle unseres persönlichen Selbst greifen und der Trennung Widerstand leisten. Das Ringen wird andererseits leichter und kürzer, wenn wir uns bereits während unserer Lebenszeit als Teil eines höheren Selbst sahen und unpersönliche, altruistische Gefühle und Gedanken hatten, denn die beim Tod unumgängliche Erkenntnis hätten wir dann weitgehend schon gehabt.

Hier liegt der Grund für den Gebrauch des theosophischen Ausdrucks *Ego* im Zusammenhang mit unserem "höheren Selbst", dem reinen Geist, durch den Intuition und das allem zugrunde liegende Eine Selbst reflektiert werden. Wir erleichtern uns den *Post mortem*-Vorgang sehr und beschleunigen unsere Evolution, wenn wir dieses Höchste Eine Selbst bereits im Leben als unser Ich identifizieren.

Ziel des Meditierens ist die Identifikation unseres Ichs, unseres Egos mit den höheren, unpersönlichen Aspekten unseres Seins. Somit kann man die Meditation auch als "kleinen Tod" bezeichnen, durch den sich unser persönliches Selbst allmählich daran gewöhnt, nicht mehr zu existieren. Durch die Meditationspraxis gelangen wir zur Erkenntnis, daß wir nicht wirklich ein persönliches Ich sind, sondern etwas viel Größeres, Herrlicheres, Umfassenderes und Dauerhafteres, etwas, das eins ist mit dem gesamten Kosmos und allen anderen Wesen.

Es gibt verschiedene Meinungen über den zeitlichen Vorgang der Schalenbildung, der Reifung und des Ringens und über den Grad unseres gleichzeitigen Bewußtseins. H. P. Blavatsky sagt über diese Periode "Nach der Auflösung des Körpers beginnt für das Ego entweder eine Periode voll erwachten Bewußtseins oder ein Zustand chaotischer Träume oder ein völlig traumloser Schlaf, der von Vernichtung nicht zu unterscheiden ist" (*Schlüssel zur Theosophie*, S. 124). Das bedeutet, daß der Bewußtseinsgrad dem Ausmaß an Vorbereitung während des Lebens entspricht.

Es heißt, daß die Individualität - das *Ego-*, nachdem es sich von seiner Hülle getrennt hat, nochmals die Ereignisse des vergangenen Lebens rückschauend überblickt, diesmal aus einer von persönlichen Neigungen befreiten Perspektive. Bei dieser unbefangenen Rückschau über das soeben beendete Leben wählt es dabei Erfahrungen aus, die es für das folgende nachtodliche Stadium halten will; der Rest wird abgeschüttelt. So betritt das individuelle Selbst die nächste Stufe, die *Devachan* - die Himmelswelt - genannt wird.

Devachan ist ein rein subjektiver, lebhafter, traumartiger Zustand, in dem alles so ist, wie es das träumende Selbst haben möchte. Es ist eine Welt vollkommener Illusion ohne Enttäuschung, Trübsal oder Bitterkeit, es herrschen Freude, Erfüllung und Zufriedenheit. Es ist ein Bild des Höchsten und Besten in uns: selbstlose Liebe, reines abstraktes Denken, Heroismus, tiefste Einsichten. Eine solche Erfahrung unserer Individualität, geläutert vom Einfluß der Persönlichkeit, stärkt unsere besten Eigenschaften.

Devachan ist der durch den *locus amoenus*, den 'angenehmen Ort' symbolisierte Bereich, der in der Nahtodeserfahrung schon angedeutet wurde. Wenn die Reifungsperiode ein Reinigungsprozess ist, in dem wir von den Schlacken unserer Ich-Bezogenheit befreit und von den unbedeutenden Aspekten unseres vergangenen Lebens geläutert werden, dann ist *Devachan* unsere Belohnung. Es ist Trost und Stärkung, bedeutet ein Ausruhen von den Problemen des inkarnierten Lebens. Die Art der devachanischen Erfahrung ist für jeden einzelnen anders, denn dort hat jeder das, was er für sich selbst will.

Die Feststellung, *Devachan* sei ein Traumzustand oder eine Welt der Illusion, bedeutet nicht, daß der Zustand deshalb unwirklich ist. In gewisser Hinsicht ist jede Existenz unwirklich und traumhaft. Die äußere Welt des Alltagslebens ist eine große Täuschung, denn hier ist nichts wirklich das, was es zu sein scheint. Der Hauptunterschied zwischen der physischen Welt des aktiven Lebens und *Devachan* besteht darin, daß wir in dieser äußeren Welt die Täuschung nicht unmittelbar kontrollieren können. Die objektive Wirklichkeit ist eine generelle Täuschung, an der wir alle teilhaben.

Im *Devachan* dagegen schafft sich jeder einzelne die Illusionen, die seinen Wünschen entsprechen; kein Konflikt stört die Harmonie der Illusionen, denn der Raum dieser Dimension ist subjektiv. Der devachanische Zustand ist die vervollkommnete, ganz nach unseren Wünschen gestaltete Welt. Gemäß H. P. Blavatsky gibt es nach dem Tode weder Strafe noch Hölle, sondern nur Belohnung und Erholung. Wir brauchen eine kleine Ruhepause nach den Anstrengungen des irdischen Lebens. Der Zweck des *Devachan*-"Zwischenspiels" ist, uns Erholung und Stärkung zu ermöglichen, eine Atempause zwischen den Runden aktiven Erdenlebens, wobei wir Gelegenheit haben, die Resultate des vergangenen Lebens zu absorbieren und uns auf das nächste vorzubereiten.

Nichts kann die Harmonie im *Devachan* stören. Die *Skandhas*, Neigungen, die unser Tun während der Inkarnation beeinflussen, haben keinen Zugang, sie warten gewissermaßen an der Schwelle des *Devachan* auf die Rückkehr des Menschen. 'Elemente der begrenzten Existenz' werden sie genannt, weil der Mensch, befreit von ihnen, im *Devachan* unbeschränkten Freiraum für seine Fähigkeiten hat. Kehren wir jedoch zur Geburt zurück, dann unterliegen wir erneut dem Einflußbereich der *Skandhas* und den Beschränkungen des Erdenlebens und schließlich kehren wir zurück. Völlig erholt durch die Ruhepause im *Devachan* beginnen wir, wieder nach Leben zu hungern, denn Leben und Tod laufen nach einem zyklischen Vorgang ab. Z. B. verzehren wir eine Mahlzeit, um unseren Körper zu nähren, und dann braucht dieser einige Zeit zur Verdauung. Später machen sich abermals

Hungergefühle geltend, die uns anzeigen, daß wir wieder essen müssen, usw. In gleicher Weise machen wir während des Lebens Erfahrungen, die im *Devachan* absorbiert und verdaut werden. Doch nachdem wir die nährenden Erfahrungen des vergangenen Lebens unserem permanenten Selbst (dem Kausalbereich) einverleibt haben, fühlen wir die Notwendigkeit, in die Welt zurückzukehren, um neue Erfahrungen zu machen.

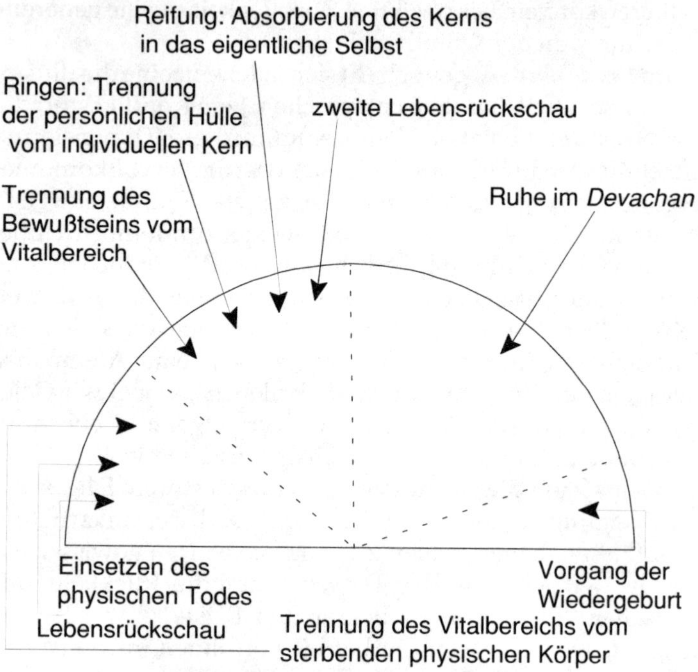

Stadien des nachtodlichen Zustandes

Mit dem wiederkehrenden Hunger nach Existenz in der physischen Welt verläßt das Selbst den Bereich des realistischen Träumens und begibt sich in den Zustand des traumatischen Schlafs - einem Zustand der Bewußtlosigkeit. Es kehrt zurück in die physische Welt und zu den wartenden *Skandhas*, um in einen neuen Körper einzutauchen und abermals eine neue Persönlichkeit heranzubilden.

11.

Was geschieht bei der Wiedergeburt?

Während unser inneres Selbst die nützlichen Erfahrungen des vergangenen Lebens absorbiert indem es sie in der Erinnerung nochmals durchlebt, ihre Verwicklungen sieht, ihre Vorteile erkennt, und dies alles in die Struktur unseres Seins einbaut, genießen wir die lange devachanische Ruhepause nach den Aktivitäten des persönlichen Lebens. Wie die Verfassung des inneren Selbst in seiner eigenen Sphäre ohne persönliche Beschränkungen, sein mag, können wir uns nicht vorstellen, ebensowenig wie sich ein Kleinkind den Zustand und die Aktivitäten eines Erwachsenen vorstellen kann. Dieser Seinsbereich ist zu verschieden von dem unseres persönlichen Lebens, als daß wir ihn erfassen könnten - außer durch poetische Beschreibungen. Die Dauer der *Devachan*-Ferien vom Ich hängt von vielen Faktoren ab. Eine Rolle spielen

Länge und Reichtum der Erfahrungen während des vergangenen Lebens sowie die Verfügbarkeit eines geeigneten Körpers und der für das nächste Leben geeigneten Umstände. Es wird gesagt, daß der Zeitraum zwischen zwei Leben hunderte von Jahren dauert, mitunter weniger, doch manchmal erheblich länger. Herodot berichtet, daß die alten Ägypter eine Zeitspanne von Jahrtausenden zwischen den Geburten annahmen. Andererseits kommen neuere Untersuchungen zu kürzeren Perioden. Es ist anzunehmen - wie bereits im 4. Kapitel erwähnt -, daß der durchschnittliche Zeitraum zwischen den Leben in verschiedenen historischen Epochen variieren kann, je nach dem auf der Welt verfügbaren Reichtum an Erfahrungen.

Wie lang der Zeitraum auch sein mag, schließlich kommt die Zeit, wenn das innere Selbst nicht länger widerstehen kann, sich wieder persönlich zum Ausdruck zu bringen und Erfahrungen zu machen. Es wird übermannt vom Hunger nach Leben und Erfahrungen.

Der Vorgang der Wiedergeburt

Wenn das innere Selbst in seinem Drang, wiedergeboren zu werden, einen kritischen Punkt erreicht hat, entsendet es einen Teil von sich in die Bereiche des festeren Stoffes. Hier sammelt sich das "Material" der durch frühere Leben konditionierten inneren subtilen Bereiche. Und nun wartet es auf eine geeignete Geburt.

Wir können diesen Vorgang mit einem Lichtstrahl vergleichen, der aus einem Scheinwerfer in die Nacht strahlt und in der Dunkelheit von einer Form oder Gestalt zur anderen huscht, bis er eine geeignete findet. Die Erbmasse muß stimmen, ebenso die Umwelt und die Bindungen, d.h. das innere Selbst muß mit anderen, mit denen es aus früheren gemeinsamen Leben verbunden ist, zur Welt kommen, denn Verbindungen müssen weitergeführt, Karma muß verarbeitet werden.

Sobald alle Umstände stimmen, beginnt für das innere Selbst ein Prozeß, den G. Hodson, H. P. Blavatsky, J. S. Perkins u.a. beschrieben haben, und den Whitton anhand seiner Recherchen über den Zustand zwischen den Inkarnationen durch die unter Hypnose hervorgebrachten Erinnerungen seiner Patienten dokumentiert. Es folgt hier eine Zusammenstellung ihrer Berichte, wobei einige Ergänzungen durch Schlußfolgerungen nötig waren, um das Gesamtbild abzurunden.

Unmittelbar vor der Geburt hat das Selbst eine Vision über das künftige Leben. Diese Zukunftsvision, die von H. P. Blavatsky, von Plato und im *Tibetischen Totenbuch* erwähnt wird, ist die Ergänzung der Lebensrückschau beim Tod. In der Vision, oder Vorschau, gewinnen wir einen Überblick über das, was das nächste Leben karmisch bestimmen wird, über die zukünftigen Umstände, und ihnen entsprechende Reaktionen. Wir erkennen die Ursachen, die zu diesem neuen Leben geführt haben, und deren Gerechtigkeit.

Im Zusammenhang mit dieser Vorschau sprechen Whittons Versuchspersonen von einer 'Planungssitzung', bei der das inkarnierende Selbst bewußt am Gesamtmuster des nächsten Lebens mitarbeitet. Diese Ansicht ist von Bedeutung, denn sie läßt den Schluß zu, daß wir nicht nur hilflose Opfer eines Reinkarnationsprozesses sind, sondern verantwortlich an seiner Vorbereitung mitarbeiten.

Der Mechanismus zur Herbeiführung einer Wiederverkörperung muß ein komplexes Zusammenwirken von natürlichen Gesetzen sein. Einige von Whittons Versuchspersonen sagen, daß sie an der Auswahl eines Körpers persönlich beteiligt waren - ein Eindruck, den auch das *Tibetische Totenbuch* vermittelt. Doch lesen sich Berichte dieser Art wie nachträgliche Beschreibungen, die versuchen, das Unbekannte in vertraute Begriffe zu fassen. Die theosophische Überlieferung spricht von allegorischen Figuren, den *Lipikas*, den Aufzeichnern des *Karmas*, die mit der Geburt und dem Schicksal jedes Kindes verbunden sind. Hellseher wie C. W. Leadbeater und Geoffrey Hodson haben personifizierte Naturkräfte wahrgenommen, 'Elementale', die in den Vorgang involviert sind.

Der genaue Zeitpunkt, zu dem das innere Selbst mit seinem neuen Körper Kontakt aufnimmt, ist unklar. Die Frage ist von einiger Wichtigkeit im Zusammenhang mit dem Abtreibungsproblem. Einen Fötus abzutreiben, der noch kein inneres Selbst aufgenommen hat, wäre moralisch ebenso unbedenklich wie die Entfernung des Blinddarms. Aber ein Eingriff, nachdem dem Fötus bereits ein Selbst innewohnt, wäre ein Eingriff in den Lebensplan eines anderen Selbst und eine das eigene Karma belastende Tat. Es wäre Mord.

Ein für allzu leicht gewonnene, unreflektierte moralische Überzeugungen viel zu kompliziertes Problem sind eben Fragen wie die der Zuordnung eines inneren Selbst zu einem sich entwickelnden neuen Körper, ebenso wie die Frage der Bedeutung, die der Übergang in einen Körper für das Selbst hat. Es heißt, daß die Vereinigung gewöhnlich im Augenblick der Empfängnis stattfindet, wenn der Same in das Ei gelangt, um die Zygote zu bilden, aus der sich der Fötus entwickelt. Das würde bedeuten, daß Abtreibung in *jedem* Stadium das Selbst daran hindert, lebendigen Ausdruck zu finden - wäre also Tötung.

Andererseits wird behauptet, daß sich das innere Selbst häufig seine künftigen Eltern schon vor der Empfängnis aussucht und dann wartet. Daraus ließe sich folgern, daß sogar jeder Widerstand gegen die Empfängnis - sei es durch die Methoden der Geburtenkontrolle oder einfach durch Verweigerung sexueller Beziehungen - ebenfalls dem Selbst die Möglichkeit nimmt, zu inkarnieren. Wenn man die Angelegenheit so sieht, gibt es keinen deutlichen ethischen Unterschied zwischen Vereitelung der Reinkarnation vor oder nach der Empfängnis. Kaum jemand könnte jedoch die Meinung vertreten, daß alle fortpflanzungsfähigen Männer und Frauen sich deshalb der Aufgabe widmen müßten, so viele Körper wie möglich in die Welt zu setzen.

Es wird aber auch behauptet, daß etwa bis zum siebenten Lebensjahr das innere Selbst nicht voll inkarniert sei, d. h. noch keine völlige Herrschaft über den Körper erlangt habe.

Dieses Alter ist ein kritischer Punkt in der Kindheit; es wird weitgehend als das 'Alter der Vernunft' akzeptiert, wenn Kinder für ihr Tun als moralisch verantwortlich gelten können. Daraus ließe sich ein Argument ableiten - das allerdings die meisten von uns vehement ablehnen würden - daß nämlich, wenn das innere Selbst erst nach dem siebenten Lebensjahr vollen Besitz von seinem Körper ergreift, der Mord an Kleinkindern weniger schuldhaft wäre als der an Erwachsenen oder daß selbst das Aussetzen unerwünschter Säuglinge moralisch statthaft wäre. Es gab tatsächlich Zivilisationen - und es gibt sie noch heute - in denen das Aussetzen von Kindern in der Wildnis akzeptiert wird. Griechische und römische Überlieferungen geben manche Beispiele dafür. Einer der Gründe für die Problematik von moralischen Überzeugungen, denen die biologischen und psychologischen Fakten der Reinkarnation zugrunde liegen, ist die Kompliziertheit des Inkarnationsvorgangs. Die 'Seele' fällt nicht plötzlich in einen Körper. Es findet vielmehr erst eine vorläufige Annäherung statt zwischen einem Selbst, das inkarnieren will, und einer *Situation*, d. h. nicht unbedingt schon einem Körper, sondern nur dem Potential für einen Körper. Und auch der Prozeß, durch den das Selbst sich mit dem neuen Körper identifiziert und sozusagen in ihn eintritt, ist langwierig. Er vollzieht sich langsam, stufenweise.

Der Vorgang einer Inkarnation kann in den verschiedenen Stadien vielfach gehemmt - verzögert oder blockiert - werden. In solchen Fällen muß das inkarnierende Selbst warten oder nach anderen Gelegenheiten suchen. Die Trennungslinie zwischen moralisch zulässiger und unzulässiger Einmischung in den Inkarnationsprozeß eines Selbst wird nicht von der Natur gezogen. Es ist eine Entscheidung des Menschen. Wir können uns nicht der Notwendigkeit entziehen, solche moralischen Entscheidungen zu treffen, indem wir uns mit mutmaßlichen Tatsachen über Reinkarnation herausreden. Damit soll nicht gesagt sein, daß das Konzept Reinkarnation in der Frage der Abtreibung (oder anderen moralischen Streitpunkten wie Todesstrafe oder Krieg) keine Rolle spielt. Es ist von großer Wichtigkeit. Es entläßt keinen von uns aus der notwendigen

Auseinandersetzung mit diesen ethischen Problemen. Tatsächlich lenkt die Betrachtung der inneren oder verborgenen Seite unseres Lebens unseren Blick auf ziemlich alles in unserer Umgebung. Selbst der Akt der Empfängnis mag die verborgene Seite des Lebens mehr berühren als die äußere.

Die innere Seite der Empfängnis

Wenn sich Mann und Frau sexuell vereinigen, dann paaren sich nicht nur ihre Körper. Neben der physischen Vereinigung spielen auch vitale Energien, Emotionen und Gedanken eine Rolle, bisweilen vereinigen sich sogar intuitive Ideale. Mann und Frau ergänzen sich in ihrer sexuellen Polarität nicht nur physisch, sondern auf allen Ebenen ihres persönlichen Seins. Wir können uns also vorstellen, daß die sexuelle Vereinigung einen aktiven Ausbruch von Kräften und Energien auf den inneren Ebenen auslöst. Diese Verflechtung von Polaritäten auf einer Vielzahl von Ebenen ist ein mächtiger, geistiger Magnet, der andere Kräfte und Energien vergleichbarer Art anzieht. Und während dieses Vorgangs kann er auch innere Selbste anziehen, die zur Wiedergeburt bereit sind und die der Umwelt und Erbanlagen bedürfen, die dieses Paar zu bieten hat. Oder - wie schon erwähnt - ein inneres Selbst mag sich bereits an diese künftigen Eltern angeschlossen und auf die Gelegenheit gewartet haben, durch sie zum Leben zu kommen.

Wie normalerweise nur ein einziges Sperma in das Ei eindringt, dessen Oberfläche dann sofort für andere Spermen, die Zugang suchen, undurchdringlich wird, gelingt es meistens auch nur einem inneren Selbst, mit dem durch die Paarung befruchteten Ei in Berührung zu kommen. Sobald die Verbindung zwischen dem inkarnierenden Selbst und dem entstehenden Fötus hergestellt ist, verwehrt eine psychische Undurchlässigkeit allen anderen nach dieser Geburt Trachtenden den Zutritt. Eine Ausnahme besteht im Falle eineiiger Zwillinge, wenn zwei innere Selbste karmisch die gleiche Erbanlage und Umgebung fordern.

Wie auch immer die Verbindung zustandekommen mag, sie entsteht, wenn das innere Selbst einen Teil 'seiner selbst' in die sich entwickelnde neue Wesenheit schickt. Die für diesen Vorgang benutzte Ausdrucksweise kann uns leicht irreführen. Es ist nicht so, daß ein Fragment des inneren Selbst abgebrochen und transportiert wird wie ein Stück Materie. Es gibt bessere Metaphern für diesen Vorgang.

Licht: Es ist eher so, als wäre das innere Selbst eine mächtige Flamme, die einen einzigen konzentrierten Strahl aussendet. Dieser Strahl erhellt den Gegenstand, auf den er fällt, und bewirkt Veränderungen in ihm durch die konzentrierte Kraft seiner Energien. Genauso wie z. B. Sägespäne von den durch ein Vergrößerungsglas gebündelten Sonnenstrahlen Feuer fangen können, veranlaßt der Strahl des inneren Selbst den Stoff des Körpers, auf den er fällt, zu 'brennen' mit Vitalität, Gefühl und Erkenntnis.

Unser persönliches Selbst ist ein Feuer, entfacht durch die Kraft des Lichts, das aus der Flamme des inneren Selbst in unseren Körper hineinstrahlt. Auch das ist eine Metapher, die nicht zu weit getrieben werden darf; aber sie stellt annähernd die Beziehung zwischen dem fortdauernden Wesenskern, dem inneren, wirklichen Selbst und dem vergänglichen persönlichen Selbst dar, mit dem wir uns in unserem Alltagsleben identifizieren.

Wort: Eine andere, auf Schwingung und Klang beruhende Metapher, kann für den Inkarnationsprozeß angewendet werden. In der Weisheitstradition wurde die Welt durch Klang, durch das Wort erschaffen. Das Buch *Genesis* beschreibt den Schöpfungsakt als das durch Elohim gesprochene Wort: "Es werde Licht!" Das *Johannes-Evangelium*, das neuplatonische und gnostische Quellen benutzt, sagt: "Im Anfang war das Wort."

Nach der Hindu-Überlieferung ist *Vach*, die Stimme, die primäre Differenzierung des Absoluten. Die Welt ist das materialisierte Wort. Es ist der zur Substanz gefrorene Ton.

Interessant ist, daß das Konzept von der Materie als Schwingungsform auch in der heutigen Physik weitgehend akzeptiert wird.

Da Analogie auch zwischen großen und kleinen Dingen gilt, kann in gleicher Weise das menschliche Leben als ein Ausdruck von Klang gesehen werden. Das innere Selbst ist ein Wort - ist unser wahrer Name. Wenn es sich inkarnieren will, hallen seine Schwingungen in den Welten des dichteren Stoffes wider; gewissermaßen in einer anderen Oktave löst es harmonische Vibrationen aus, durch welche es sich in diesen Welten zum Ausdruck bringt. Unser physischer Körper ist die Auswirkung dieser Schwingungen in der physischen Welt. Unser gesamtes inkarniertes persönliches Selbst ist ein auf den Grundton unseres inneren essentiellen Selbst abgestimmter Akkord.

Rolle: Eine andere Metapher kommt von der Bühne. In *Wie es euch gefällt* sagt Jaques:

> Die ganze Welt ist Bühne
> Und alle Fraun und Männer bloße Spieler
> Sie treten auf und gehen wieder ab,
> Sein Leben lang spielt mancher eine Rolle,
> Durch sieben Akte hin.
> (*Akt II, Szene VII*)

Das innere Selbst gleicht einem Schauspieler, der eine Rolle übernimmt. Wir bekleiden die Rolle. Wir 'leben uns ein', so daß wir uns mit der Rolle identifizieren, wie das jeder gute Schauspieler tun muß, damit die Vorstellung Erfolg hat. Solange das Spiel dauert, s i n d wir die von uns dargestellte Person.

Während wir eine bestimmte Rolle spielen, verbannen wir aus dem Vordergrund unseres Denkens jede Erinnerung an unser wirkliches Leben sowie an alle anderen Rollen, die wir früher gespielt haben. Wir täten nicht gut daran, die Bühne zu betreten mit einem Kopf voll Sorgen über die Tatsachen des wirklichen Lebens, über unbezahlte Rechnungen oder eine Verabredung zum Abendessen. Ebenso wie es unangebracht wäre, an den Text und den Charakter von Lady Bracknell in

Oscar Wildes *Eine Frau ohne Bedeutung* zu denken, wenn wir gerade die drogenabhängige Mutter in Eugene O'Neills *Eines langen Tages Reise in die Nacht* zu spielen haben. Wir dürfen nicht einen spröden, weltmännischen Charakter in einer Komödie mit einer gequälten, tragischen Figur in einem psychologischen Drama verwechseln. Während der ganzen Vorstellung müssen wir völlig in die dramatische Welt des Stückes eingebunden sein.

Auf ähnliche Weise ist unser inneres wirkliches Selbst ein Schauspieler, der viele verschiedenartige Rollen übernimmt - als Frau oder als Mann; reich oder arm; unbedeutend oder einflußreich; einmal von diesem Volk, dann wieder von einem anderen. Wir sind keine dieser Personen oder Rollen. Doch während wir die Rolle einer bestimmten Person angenommen haben, müssen wir sie mit ganzem Herzen, vollkommen, überzeugend spielen. Sogar uns selbst müssen wir davon überzeugen, daß wir die dargestellte Person sind, sonst wäre die Vorstellung schlecht. Wenn aber der Vorhang fällt, legen wir das Kostüm ab, entfernen die Schminke und werden wieder unser wirkliches Selbst, bis die Zeit kommt, neue Rollen zu übernehmen. Dann müssen wir neue Texte lernen, neue Charaktere entwickeln und schließlich auftreten, um neue Stücke zu spielen.

Atom und Perlen: Eine andere Beschreibung des Inkarnationsprozesses macht einen bildhaften Eindruck. Sie besagt, das innere, wesentliche Selbst habe - oder gar sei - eine Art Schnur mit mehreren permanenten bzw. Samen-Atomen, die wie Perlen aufgereiht sind. Sicherlich sind das keine Atome im Sinne der heutigen Wissenschaft, sonderen eher Schwingungskapazitäten, die den verschiedenen Ebenen der Wirklichkeit zugrundeliegen.

Für jede Wirklichkeitsebene, auf der das innere Selbst funktioniert, gibt es ein Atom von der Beschaffenheit dieser Ebene, das permanent mit dem inneren Selbst verbunden ist. In den Schwingungskapazitäten dieser permanenten Atome lagern alle Fähigkeiten, die das innere Selbst durch frühere Erlebnisse auf jeder der Ebenen herangebildet hat. So hat jeder von uns je ein permanentes Atom auf der physischen, der emotionalen und der mentalen Ebene der Wirklichkeit.

Wenn das innere Selbst sich im Stadium zwischen den Inkarnationen befindet, also nicht auf der physischen, der emotionalen und der mentalen Ebene funktioniert, schlummern seine permanenten Atome jener Ebenen. Kehrt es in die Inkarnation zurück, dann zieht es seine permanenten Atome jeder Ebene an sich und aktiviert sie, wobei sie ihm als Samen dienen, aus denen sich die vollständigen Körper aufbauen.

Das permanente Atom funktioniert wie das Samen-Molekül einer kristallinischen Substanz in einer Lösung - die Lösung verfestigt sich um das Samen-Molekül. So prägen die einzigartigen Schwingungen der permanenten oder Samen-Atome die um sie herum wachsenden Körper mit ihren charakteristischen Eigenschaften. Diese Atome sind die Bindeglieder, die Einfluß von einem Leben auf das nächste haben. Sie sind eine Erklärung dafür, wie die *Skandhas* funktionieren.

Während des ganzen Lebens verbleibt das permanente Atom in dem Körper, durch den das höhere, innere Selbst funktioniert. Seine Schwingung hat den Charakter dieses Körpers geprägt. Die Erfahrungen eines jeden Lebenslaufs modifizieren jedoch die Vibrationsmuster des permanenten Atoms. Beim Tode, wenn die durch den Körper wirkende Intelligenz ihn verlassen hat und der Körper zerfällt, zieht sich das permanente Atom in eine Art Ruhezustand zurück. Es wird wieder aktiviert, wenn das nächste Selbst, dem es zugehören soll, in seiner Welt erscheint, und baut aus dessen Materie einen neuen Körper.

Metapher und Wirklichkeit: All diese bildlichen Ausdrucksweisen und Beschreibungsversuche sind Bemühungen, Klarheit zu bekommen über die Beziehung zwischen unserer persönlichen Identität und jenem Teil von uns, der den Tod des Körpers und der feinstofflichen Bereiche überlebt, und eine Inkarnation mit der nächsten verbindet. Es sind Bemühungen, zu schildern, was vor sich geht, wenn unser unsterblicher Wesenskern Sterblichkeit auf sich nimmt und in die vergängliche Welt von Leben und Sterben eingeht. Wir sind ein Licht, das in der Finsternis scheint, ein Licht, das die schwerfällige Persönlichkeitssubstanz erleuchtet. Wir sind ein Wort, ein Ton, der durch die Welten und die Zeitalter hallt.

Wir sind ein Schauspieler, der viele Rollen spielt. Wir sind eine Schnur mit Perlen, den permanenten Atomen, um die sichdiePersönlichkeitkristallisiert.

Der irische Dichter William Butler Yeats sagte: "Die Ewigkeit liebt die Werke der Zeit". In unserem inneren wahren Selbst sind wir diese Ewigkeit. In unserem persönlichen Selbst sind wir jene Werke der Zeit. Das eine bringt das andere hervor, wie immer wir den Vorgang symbolisieren mögen, weil eine mächtige Kraft - nennen wir sie Liebe, Wunsch oder Verlangen - uns zur Aktivität drängt. Es liegt in unseremWesen zu erzeugen, weil wir erzeugt wurden (J.R.R.Tolkien). Durch den Akt unseres Erzeugens nehmen wir teil am schöpferischen Akt des Universums; und wir erzeugen - uns selbst.

12.

Warum reinkarnieren wir?

Warum in aller Welt tun wir es? Welche Bedeutung, welchen Zweck hat die Reinkarnation? Unvermeidlich stellen wir solche Fragen, wenn wir uns mit der Reinkarnation beschäftigen. Natürlich kann auch geantwortet werden, es gebe keinen Grund - der Lauf der Welt sei nun einmal so. Selten aber haben sich Menschen mit einer solchen Antwort zufriedengegeben. Wir sind gewöhnt, anzunehmen, daß es für alles einen Grund gibt. Das Evangelium des Johannes beginnt mit der Aussage: "Im Anfang war das Wort", der griechische Ausdruck für Wort bedeutet aber auch 'Grund'. Eigentlich bestehen wir darauf, daß es am Anfang, an der Basis aller Dinge einen Grund gibt.

Nach der theosophischen Überlieferung ist der Grund für die Wiedergeburt, die menschliche Entwicklung voranzubringen, insbesondere die des menschlichen Geistes; denn neben der Evolution der physischen Formen findet auch eine intellektuelle und eine spirituelle Entfaltung statt. Durch die Reinkarnation entwickelt sich unser Verständnis des Universums und unserer Situation innerhalb dieses Universums. Unsere Bestimmung liegt darin, voll zu entfalten, was wir bisher nur potentiell sind: Zentren des wahren Lebens, der wirklichen Weisheit und der Schöpfungskraft des Grundes allen Seins.

Die Theosophie lehrt, daß es im Universum eine letzte Wirklichkeit gibt, in der alle scheinbar separaten Wesen nur vergängliche Erscheinungsformen sind. Menschen, Sterne, Amöben, Galaxien, subatomare Partikel - sie alle sind Emanationen der Einen Wirklichkeit. Und durch all die aus ihr hervorgegangenen Dinge erfaßt sie ihr Sein, erkennt sich selbst und bringt ihre Schöpferkraft zum Ausdruck. Die Reinkarnation ist Teil des kosmischen Prozesses, in dem die Vielheit aus dem Einen hervorgeht und schließlich zu ihm zurückkehrt.

Die Theosophie versteht die Reinkarnation als Teil eines kosmischen, sinnvollen Evolutionsprozesses. Sie bietet daher eine grundsätzlich optimistische Einstellung zum Sinn des Daseins in der Welt und unserer wiederholten Reinkarnationen. Wir reinkarnieren, um die Lektionen, die das Leben uns aufgibt, zu lernen, um freudig am Schöpfungsprozeß mitzuwirken und in unserem inneren Wesen die Natur des höchsten Seins zum Ausdruck zu bringen. Wenn wir das vollends erreicht haben, sind wir befreit von der Notwendigkeit der Reinkarnation - diesem oft wahrhaft leidvollen Prozeß.

Zwei Weltanschauungen

Im allgemeinen gibt es zwei Anschauungen hinsichtlich der Rolle, die die Reinkarnation in unserer Kette von Leben spielt. Die eine sieht uns prinzipiell als geistige Wesen, die in die Welt der Materie geschlüpft sind, in einen ausgesprochen ungemütlichen Aufenthaltsort. Wir versuchen, uns von den Leiden und Beschränkungen dieser Welt freizumachen; selten gelingt uns dies. Reinkarnation ist der Prozeß, der uns immer wieder in die Zwänge der physischen Wirklichkeit zurückgleiten läßt.

Nach dieser Auffassung müssen wir uns von dieser Welt, von ihrem Kummer und Leid befreien - also auch von der Notwendigkeit, wiedergeboren zu werden. Diese Lebenshaltung betrachtet die physische Welt pessimistisch, ist daher weltverneinend.

Die andere Lebensauffassung sieht uns als aus Materie und Bewußtsein zusammengesetzte Wesen oder, präziser ausgedrückt, als eine Wechselbeziehung zwischen Materie und Bewußtsein - eine Synthese von beiden. Als solche Wesen existieren wir nur deshalb, weil wir in der Welt sind. Und unser In-der-Welt-sein i s t unser Eintritt in den Prozeß des Werdens.

Diese Einstellung besagt, daß wir unsere Eigen-Art, unsere menschliche Natur selbst erschaffen, indem wir durch unser Agieren mit und in der Welt zur Selbstbestimmung gelangen. Wir sind nicht etwa eine Seele, die sich in ihren Körper hüllt wie in ein Gewand. Vielmehr bestehen wir aus den Aktivitäten des auf der Suche nach Selbstbestätigung in die Welt strebenden Bewußtseins. Das ist eine im Grunde optimistische Haltung, die die Welt bejaht.

Beide Betrachtungsweisen gibt es auch in buddhistischen und hinduistischen Lehren über die wahre Natur der menschlichen Erfahrung. Buddha lehrte, daß unsere Erfahrung in dieser Welt drei Merkmale offenkundig macht: Nicht-Selbstsein, Unbeständigkeit und Enttäuschung *(Anatta, Anicca, Dukkha)*. Das heißt, nichts in der Welt hat eine grundlegende Identität, ein permanentes Selbst; alles ist nur aus flüchtigen Elementen zusammengesetzt. Weil nichts einen bleibenden Kern hat, verändern sich alle Dinge ständig - nichts bleibt von einem Augenblick zum nächsten gleich: es gibt keine Stabilität. Da wir Menschen uns jedoch nach Stabilität und Permanenz sehnen, sind wir ständig durch das sich wandelnde Kaleidoskop um uns herum frustriert. Das Leben ist also eine sehr unbefriedigende Sache, es ist Unwirklichkeit, Finsternis und Tod.

Der Hinduismus wiederum lehrt, daß die Essenz der höchsten Wirklichkeit dreifältig ist: Sein, Bewußtsein und Glückseligkeit (*Sat, Chit, Ananda*). Im Universum gibt es ein einziges Sein, eine Realität, ein Selbst. Alle anderen Wesenheiten, die in großer Vielfalt im Universum erscheinen, sind lediglich teil- und zeitweise Ausdrucksformen des einen Seins. Dieses eine Sein ist sich seiner selbst bewußt und umfaßt durch dieses Bewußtsein in einem einzigen Akt des Erkennens die scheinbare Vielfalt und Wandelbarkeit im Kosmos. Die Bewußtheit des einen Seins von seiner alle Erscheinungsformen durchdringenden Einheit ist der Quell freudiger Kreativität. So betrachtet ist der Kosmos letztendlich ein Ausdruck von Realität, Licht und Unsterblichkeit.

Beide Anschauungen, die so abweichend voneinander erscheinen, ergänzen sich jedoch. Die erste befaßt sich mit einem fragmentarischen Bewußtseinszustand, die zweite mit einem geeinten. Die erste betrifft unsere isolierte Erfahrung physischer Beschränkungen, die zweite zeigt eine Version der Harmonie des Ganzen. Ein Mantra oder Gebet in den Hinduschriften lautet:

> Vom Unwirklichen führe uns zur Wirklichkeit.
> Aus der Finsternis führe uns zum Licht.
> Vom Tode führe uns zur Unsterblichkeit.
> Frieden der ganzen Welt.

Wiedergeburt ist Teil der Evolutionsspirale, die uns von einem Daseinszustand zum nächsten führt. Während dieses Prozesses bedürfen wir beider Weltanschauungen.

Nimmt man die erste Anschauung für sich allein, könnte sie zu einem lähmenden Pessimismus und zur Verzweiflung führen. Die zweite - ebenfalls für sich betrachtet - könnte einen leichtgläubigen Optimismus auslösen, der rasch durch die harten, schmerzvollen Umstände des Lebens gebrochen würde. Schopenhauer und die Existentialisten neigten zum ersteren. Voltaire mokierte sich im *Candide* über die andere Anschauung. Sein Held macht die schrecklichsten Erfahrungen, die man sich vorstellen kann, vergißt dabei aber nie die Worte seines Lehrers Pangloss, daß dies 'die beste aller möglichen Welten' sei.

In Wirklichkeit besagen beide Weltanschauungen das gleiche, nur von verschiedenen Standpunkten aus. Kein Ding dieser Welt besitzt ein eigenes Selbst, denn es gibt nur das Eine Selbst im Universum. Es findet ein ständiger Wandel in allen Dingen statt; Wahrnehmung setzt den durch den ständigen Wandel herbeigeführten Kontrast voraus. Sie wäre ohne Wandel nicht existent. Verdruß und Freude, Spannung und Entspannung sind die beiden Seiten der gleichen Erfahrung. So besteht auch der Zweck der Reinkarnation darin, uns alles zu lehren, was wir in dieser Welt zu lernen haben, und es unnötig zu machen, abermals in sie zurückkehren zu müssen. Die Notwendigkeit der Reinkarnation und die Hoffnung, ihr zu entwachsen, schließen sich gegenseitig ein.

Der Unterschied zwischen Pessimismus und Optimismus richtet sich nach dem Gesichtspunkt. Es wurde gesagt, man sei ein Optimist, wenn man diese Welt für die bestmögliche hält, aber ein Pessimist, wenn man fürchtet, der Optimist könnte recht haben. Wenn ein Optimist erfreut feststellt, daß das Glas ja noch halb voll ist, wird ihm der Pessimist mißmutig entgegenhalten, es sei aber schon halb leer. Die Bedeutung, die die Reinkarnation für jeden einzelnen von uns hat, hat viel mit unserer Einstellung zu tun: sehen wir ein halb volles oder ein halb leeres Glas - ?

Evolution und Reinkarnation

Die Theosophie sieht in der Reinkarnation eine Tatsache, die wie alles andere im Universum einen Platz in der kosmischen Ordnung hat. Bei der Wiederverkörperung handelt es sich nicht bloß darum, ein Leben nach dem anderen zu führen. Sie dient einem besonderen Zweck. Es ist ihr Zweck, die Evolution zu fördern. In der theosophischen Tradition ist Evolution nicht eine blinde, sinnlose Reaktion auf Ursachen. Auch sie hat einen Zweck, nämlich die Qualität des Seins, des Bewußtseins und des Glücks zu steigern.

Theosophisch betrachtet, ist Evolution mehr als lediglich der Prozeß, durch den verschiedene Arten von Tieren und Pflanzen sich aus früheren Formen durch Mutation ihrer Gene im Laufe der Zeitalter entwickelt haben. Auch dies gehört zu ihr, doch ist sie mehr als das. Das Lexikon bezeichnet Evolution als "einen Prozeß, in dem das gesamte Universum eine Weiterentwicklung von in gegenseitiger Beziehung stehenden Phänomenen ist". Der universale Entwicklungsvorgang umfaßt nach der Theosophie (Blavatsky, *Geheimlehre*, 1: 181) drei verschiedene, miteinander verknüpfte Schemata:

1. die physische Evolution
2. die intellektuelle Evolution
3. die monadische oder spirituelle Evolution.

Das erste Schema, die physische Entwicklung, ist die Evolution, mit der sich Wissenschaftler befassen. Sie schließt Wettkampf unter den Mitgliedern ihrer Spezies um Nahrung und Paarungsgefährten ein, das Überleben des Tüchtigsten, Brüten und Fortpflanzung, und von Zeit zu Zeit Mutationen bei entsprechender Veränderung der Gene.

Das zweite Schema, die intellektuelle Evolution, betrifft die Entfaltung von Verstand und Denkfähigkeit. Für diesen Aspekt der Evolution, nämlich die Entfaltung und Weiterentwicklung des Bewußtseins, spielt die Reinkarnation eine entscheidende Rolle. Man kann sie parallel zur sogenannten Selektionstheorie der physischen Evolution sehen. Diese besagt, daß "diejenigen am ehesten (Auslese oder Selektion) überleben, die ihrer Umwelt am besten angepaßt sind ('the fittest')." (*dtv-Brockhaus Lexikon*. 4, S. 43). Auch das Bewußtsein, obwohl nicht physisch, überlebt und entwickelt sich durch Anpassung an seine Umwelt. Seine Anpassung jedoch, sein Fit-sein, erlangt es durch ein größtmögliches Ansammeln und Erweitern von Erfahrungen. Reinkarnation ist die 'Methode', die es dem Bewußtsein möglich macht, sich anzupassen und zu wachsen.

Nach Blavatsky bahnt sich das allem Leben zugrundeliegende Eine Bewußtsein seinen Weg in die Mineralformen der physischen Welt. Dort ist das Bewußtsein so eingeschränkt und begrenzt vorhanden, daß wir von ihm als atomare Valenz sprechen, als chemische Affinität, Reaktion auf Temperatur, Kristallisierung o. ä., und es kaum als Bewußtsein erkennen. Nach einer Quantensprung-Mutation in der Entwicklung

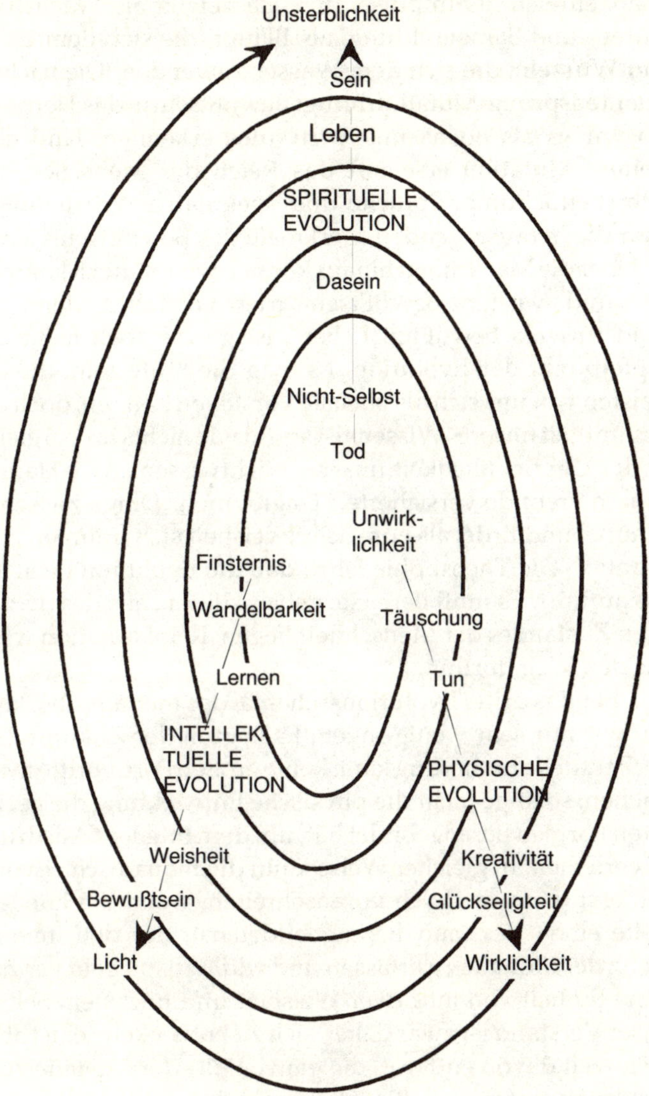

Die Evolutionsspirale

seiner Ausdrucksmöglichkeiten erscheint das Bewußtsein im Pflanzenreich als Impulse, die sich zeigen als Wachstum, Blüten- und Samenbildung, als Blätter, die sich dem Licht, und Wurzeln, die sich dem Wasser zuwenden. Die nächste Quantensprung-Mutation bringt Bewußtsein in das Tierreich, wo wir es als etwas uns Vertrautes erkennen. Und eine weitere Mutation erschafft das Reich des Menschen, wo Selbstbetrachtung, Sprache und spekulative Vorstellungskraft die herausragenden Merkmale des Bewußtseins sind.

Über die Menschheit hinaus können wir uns noch komplexere und wachere Bewußtseinsarten vorstellen, denn der Grad unseres bewußten Lebens ist gewiß noch nicht der Gipfelpunkt der Evolution. Es mag die Stufe sein, die die meisten von uns sich als höchste vorstellen können, doch die Gesamtheit unseres Wissens ist so gut wie nichts im Vergleich zu der Unermeßlichkeit unseres Nichtwissens. Wie Hamlet seinem Freunde versicherte, "Es gibt mehr Dinge zwischen Himmel und Erde, als eure Schulweisheit sich träumen läßt, Horatio". Die Theosophie lehrt, daß die Evolution nicht bei uns aufhört. Es muß Bereiche geben, die jenseits des derzeitigen Zustandes der Menschheit liegen. Reinkarnation weist uns den Weg dorthin.

Über das dritte Evolutionsschema, das monadische, können wir nur sehr wenig sagen. Es liegt in der Zukunft. Die intellektuelle Entfaltung kann keine großen Fortschritte mehr machen, solange nicht die physische Entwicklung die geeigneten Formen herangebildet hat, um dem Intellekt Ausdruck zu verleihen. In gleicher Weise kann die monadische Evolution erst dann merklich voranschreiten, wenn die intellektuelle einen Verstand herangebildet hat, der den inneren Glanz der Monade zu erfassen und widerzuspiegeln vermag - jene Einheit von intuitiver Weisheit und höchstem Selbst. Unser Verstand ist zwar dabei, sich zu entwickeln, er ist aber noch weit davon entfernt, die ganze Fülle der Monade zum Ausdruck zu bringen. Blavatsky sagt dazu:

Deshalb behaupten die Kabbalisten zu Recht, "der MENSCH wird ein Stein, eine Pflanze, ein Tier, ein Mensch, ein Geist und schließlich Gott. So vollendet er seinen Zyklus und kehrt zu dem Punkt zurück, von dem er ausgegangen ist als der himmlische MENSCH". Doch mit "Mensch" ist die göttliche Monade gemeint und nicht das denkende Wesen und umso weniger sein physischer Körper. (*Geheimlehre*, 2: 186).

Jede der großen Evolutionsstufen hat ihren besonderen Reinkarnationstypus, und es ist klar, daß die Unterschiede groß sind. Einerseits leuchtet die eigentliche Substanz der Materie, subatomare Partikel, in einem bizarren Tanz zwischen Tod und Reinkarnation auf und erlöscht wieder. Auf der Stufe der menschlichen Evolution dagegen wird die Individualität durch die Reinkarnation erschaffen und weiterentwickelt als Teil des essentiellen Selbsts, das über Jahrhunderte und Jahrtausende persönliche Leben miteinander verbindet. Letzten Endes ist auch dieses essentielle Selbst nicht von Dauer - denn es gibt nur das Eine Selbst. Doch während einer kurzen Zeitspanne (die uns dennoch lang vorkommt) stellen die individuellen Erscheinungen unseres Selbst eine kontinuierliche Bindung zwischen einem persönlichen Leben und dem nächsten her. Individualität ist also sowohl das Mittel, durch das Reinkarnation wirksam wird, als auch ihr Zweck.

Das Ende der Reinkarnation

Ein Ziel der Reinkarnation besteht darin, das individuelle Selbst so vollkommen wie möglich zu entwickeln und es aufzubauen, und in einer langen Reihe persönlicher Leben oder Inkarnationen sein Potential freizusetzen. Reinkarnation ist das Mittel, um uns selbst zu erschaffen und unsere Individualität zu vollenden. Die Entfaltung unseres individuellen Bewußtseins ist eine do-it-yourself-Beschäftigung. Es mag Vorbilder geben, denen man folgt, oder Helfer, die uns den Weg zeigen, aber gehen müssen wir ihn letzten Endes selbst - jeder für sich allein. Doch wir alle befinden uns in der Gesellschaft anderer, die auf der gleichen Suche sind. Unsere Pilgerfahrt ist keine einsame Reise. Wir reisen in der Gesellschaft guter Bekannter.

Wenn das individuelle Selbst voll entwickelt ist, wenn wir vollkommen individualisiert sind, wird uns der nächste Quantensprung zweifellos über die Individualität hinaus in einen Zustand bewußter Wechselwirkungen und und Ganzheit versetzen. Während wir mit Hilfe der Reinkarnation unser individuelles Selbst aufbauen, stellen wir auch jene Bindungen und Kontakte her, die uns irgendwann in weit entfernter evolutionärer Zukunft zu dem Quantensprung befähigen, der uns über den Zustand des Menschen, wie wir ihn kennen, hinausführen wird.

Die Evolution schreitet nicht in hermetisch voneinander getrennten Teilstrecken voran. Es gibt Überschneidungen und Verbindungen zwischen den Bereichen. Ein Virus ähnelt etwas dem Molekül und ein bißchen einem Mikroorganismus. Ein Schimpanse ähnelt einem Affen, aber auch ein wenig dem Menschen. So können wir sogar schon jetzt kurze Blicke von einer Über-Menschheit erhaschen. Es haben schon vollkommene Menschen unter uns geweilt - nur wenige, jedoch mit großer Wirkung: die geistigen Führer unserer Spezies. Sinn und Zweck der Reinkarnation ist es, uns zu dem zu machen, was sie bereits sind.

Wenn dieser Zweck erfüllt ist, wird die Reinkarnation eine ganz andere Bedeutung bekommen. Reinkarnation, wie wir sie jetzt erleben, das Eintauchen in die physische Welt, um eine Reihe persönlicher Selbste zu entwickeln, wird enden und durch eine andere Art zyklischer Erfahrung ersetzt werden, die wir uns noch nicht vorzustellen vermögen. Dann werden wir nicht mehr wiedergeboren; denn dann hat die Reinkarnation ihren Zweck erreicht und wird entbehrlich. Der Zweck der Reinkarnation ist ja, ihre Notwendigkeit überflüssig zu machen. Dieses Ziel ist für die meisten von uns jedoch noch weit entfernt.

In gewisser Hinsicht ist der ganze Manifestationsprozeß - das Hervortreten der Monade aus der höchsten Einheit und ihre Rückkehr dorthin - eine einzige große Inkarnation. Ihr folgen andere ähnliche Inkarnationen in immensen evolutionären Zyklen. Denn Reinkarnation ist das Muster des Universums, in dem unsere kleinen persönlichen Inkarnationen nur unbedeutende Zyklen sind. Doch auch die relativ kleinen Zyklen, unsere Reinkarnation als aufeinanderfolgende Persönlichkeiten, spielen ihre Rolle in der kosmischen Ökonomie. Und diese Rolle dient dazu, die Qualität unseres Daseins, unserer Bewußtheit und Freude zu steigern. Durch die Reinkarnation lernen wir alles, was zu lernen ist. Durch Reinkarnation entwickeln wir uns zu vollkommenen Wesen.

Aus den Enttäuschungen unserer Leben wird Freude sprießen. Aus der Unbeständigkeit unserer Leben wird Bewußtsein erwachsen. Aus dem Nicht-Selbstsein unserer Leben wird wirklich selbstloses Sein erblühen. Das ist der Zweck der Reinkarnation und auch ihr Ende.

Appendix

Reinkarnation und verwandte Begriffe; ein kleines Glossar

Für Reinkarnation und damit zusammenhängende Begriffe gibt es folgende Bezeichnungen:

1. *Reinkarnation*, den gebräuchlichsten Ausdruck, gibt es seit Mitte des neunzehnten Jahrhunderts. Er besteht aus fünf lateinischen Elementen; *re*=wieder, *in*=in, *carn*=Fleisch, *ate*=veranlassen oder werden, und *ion*=Prozeß. Er bedeutet also 'der Prozeß wieder zu Fleisch zu werden'.

2. *Wiedergeburt* ist der einfachste Ausdruck. Er wäre der geeignetste, wenn er nicht mehrere Bedeutungen hätte. Insbesondere sprechen manche Christen von Wiedergeburt, um ein Erlebnis geistiger Erneuerung zu bezeichnen.

3. *Transmigration* ist ein ebenfalls aus dem Lateinischen stammendes Wort. Es setzt sich zusammen aus: *trans*=über, *migr*=gehen oder bewegen, und *ation*= Prozeß oder Vorgang des Verursachens oder Werdens. Wörtlich heißt es also etwa: der 'Vorgang des Überschreitens' - vom Reich des Todes in einen anderen Körper. Mitunter schließt dieser Ausdruck auch die Möglichkeit ein, daß Menschen als Tiere wiedergeboren werden, was die theosophische Überlieferung jedoch ausschließt.

4. *Metempsychose* ist aus griechischen Elementen zusammengesetzt. *meta*=jenseits, gewandelt, *em* oder *en*=in, *psyche*=Seele und *osis*=Prozeß. Es ist also der Prozeß durch den die Seele nach dem Tod in einen neuen Körper übertragen wird.

5. *Metensomatose* ist ein ähnliches, aber seltener gebrauchtes Wort, ebenfalls aus griechischen Elementen (manche sind gleich den vorerwähnten): *meta, en, soma(t)* = Körper und *osis*. Wörtlich bedeutet es: wieder in einen Körper zurückzukehren bzw. Wiederverkörperung.

6. *Palingenese* kommt ebenfalls aus dem Griechischen. *Palin*=zurück, wieder; *genesis*=Ursprung, Geburt. Wörtlich bedeutet es: nochmal geboren werden, Wiedergeburt.

7. *Periodisches Leben* oder *periodisches Bewußtsein* ist ein neuer Ausdruck, der besagt, daß eine bestimmte Lebensspanne nur eine innerhalb einer Reihe solcher Geschehnisse ist. Eine weniger hochtrabende Bezeichnung als die aus den klassischen Sprachen abgeleiteten. Sie betont auch nicht die Art der Bindung zwischen den Lebensspannen einer Serie, sondern betont ihre relative Unabhängigkeit.

8. *Präexistenz* bezeichnet den Glauben, daß wir bereits existierten, ehe wir in unseren gegenwärtigen Körpern zur Welt kamen. Reinkarnation schließt Präexistenz ein, denn wenn wir künftige Leben haben, müssen wir natürlich auch frühere gehabt haben. Manche Leute glauben jedoch, daß die Seele zwar vor ihrer Geburt existiert, aber nicht in anderen Körpern auf dieser Welt, sondern in einem anderen Seinsbereich. Präexistenz ist also nicht unbedingt dasselbe wie Reinkarnation.

9. *Metamorphose* bedeutet Wandlung, und zwar eine Veränderung der physischen Form, wenn sich z. B. eine Raupe in einen Schmetterling verwandelt.

10. *Ewige Rückkehr* oder *Wiederkehr* geht auf den Gedanken Friedrich Nietzsches zurück, daß alles, was existiert, schon vorher vorhanden war und in der gleichen Weise weiterbestehen wird - daß sich die Welt wiederholt. Er argumentiert, daß, wenn sich die Welt aus einer begrenzten (wenn auch sehr großen) Anzahl von Atomen zusammensetzt, es für diese Atome auch nur eine begrenzte Anzahl von Gruppierungen geben kann. Wenn sich die Atome auch ständig in Bewegung befinden, müßten sie doch im Laufe einer endlosen Zeit ihre früheren Gruppierungen schließlich wiederholen. Deshalb müßte die Welt so, wie wir sie heute kennen, schon früher vorhanden gewesen sein und in genau derselben Form abermals existieren. Letzten Endes würden wir dieselben Leben in allen Einzelheiten wiederholen.

Bibliografie

Bernstein, M., *Protokoll einer Wiedergeburt*, München, 1990

Besant, A., *Death - And After*, Adyar, 1952

Besant, A., *The Necessity for Reincarnation*, Adyar, 1978, 1920

Besant, A., *Popular Lectures on Theosophy*, Adyar, 1912

Besant, A., *Reincarnation*, Adyar, 1970

Blavatsky, H. P., *The Key to Theosophy*, London, 1893 (dt. *Der Schlüssel zur Theosophie*, Satteldorf, 1995[2])

Blavatsky, H. P., *The Secret Doctrine*, London, 1888 (dt. *Die Geheimlehre*, Satteldorf, 1993[3])

Cerminara, G., *The World Within*, New York, 1957

Challoner, H. K., *The Wheel of Rebirth*, Wheaton, 1969 (dt. *Das Rad der Wiedergeburt*, München, 1976)

Cooper, I. S., *Reincarnation: A Hope of the World*, Wheaton, 1979

Cranston, S. and Williams, C., *Reincarnation: A New Horizon in Science*, New York, 1984 (dt. *Wiedergeburt*, München, 1989)

Evans-Wentz, W. Y., *The Tibetan Book of the Dead*, London, 1960 (dt. *Das Tibetanische Totenbuch*, Olten, 1971)

Gallup, G. Jr. and Proctor, W., *Adventures in Immortality*, London, 1982 (dt. *Begegnungen mit der Unsterblichkeit*, Berlin, 1990)

Guirdham, A., *The Cathars and Reincarnation*, Wheaton, 1978

Hall, Manly P., *Death To Rebirth*, Los Angeles, 1979

Hall, Manly P., *Reincarnation: The Cycle of Necessity*, Los Angeles, 1978

Hall, Manly P., *Research on Reincarnation*, Los Angeles, 1964

Head, J. and Cranston, S. L., *Reincarnation: An East-West Anthology*, Wheaton, 1975

Hodson, G., *Reincarnation: Fact Or Fallacy?*, Wheaton, 1972

Humphreys, C., *Karma and Rebirth*, London, 1943 (dt. *Karma und Wiedergeburt*, München, 1980)

Jinarajadasa, C., *How We Remember Our Past Lives and Other Essays on Reincarnation*, Adyar, 1915

Langley, N., *Edgar Cayce on Reincarnation*, New York, 1967

Lati Rinbochay and Hopkins, J., *Death, Intermediate State and Rebirth in Tibetan Buddhism*, Foreword by the Dalai Lama, Valois, N.Y., 1980

Lorimer, D., *Survival? Body, Mind and Death in the Light of Psychic Experience*, London, 1984

MacGregor, G., *Reincarnation in Christianity*, Wheaton, 1978 (dt. *Reinkarnation und Karma im Christentum*, München, 1990)

MacLaine, S. *Dancing in the Light*, New York, 1985 (dt. *Tanz im Licht*, München, 1990)

Die Mahatma-Briefe, Bde. 1 - 3, Hg. N. Lauppert, Satteldorf, 1994[2]

Marsh, M., *A Matter of Personal Survival: Life After Death*, Wheaton, 1985

Moody, R. A., *Life After Life*, Harrisburg, 1976, (dt. *Leben nach dem Tod*, Reinbeck, 1977)

Moody, R. A., *Reflections On Life After Life*, London, 1978 (dt. *Nachgedanken über das Leben nach dem Tod*, Reinbeck, 1978)

O'Flaherty, W. D., ed., *Karma and Rebirth in Classical Indian Tradition*, Berkeley, 1980

Ring, K., *Life at Death: A Scientific Investigation of the Near-Death Experience*, New York, 1980 (dt. *Den Tod erfahren - Das Leben gewinnen*, 1988)

Rogo, D. S., *Life After Death*, Wellingborough, 1986

Rogo, D. S., *The Search For Yesterday*, Englewood Cliffs, 1985

Ryall, E. W., *Born Twice: Total Recall of a Seventeenth Century Life*, New York, 1974

Sabom, M. B., *Recollections of Death*, London, 1982

Sharma, I. C., *Cayce, Karma and Reincarnation*, Wheaton, 1975

Smith, E. Lester, *Our Last Adventure: A Commonsense Guide to Death and After*, London, 1985

Stevenson, I., *Twenty Cases Suggestive of Reincarnation*, Charlotteville, 1978

Stevenson, I., *Reincarnation. Der Mensch im Wandel von Tod und Wiedergeburt*, 1986

Stewart, R. S., *"The Sixth Sense of Alan Jay Lerner"*, *Atlantic Monthly*, Nov. 1965, 99-102

Story, F., *Rebirth as Doctrine and Experience*, Kandy, Sri Lanka, 1975

Wambach H., *Reliving Past Lives: The Evidence Under Hypnosis*, London 1979

Whitton, J. L. and Fisher, J., *Live Between Life*, London, 1986 (dt. *Das Leben zwischen den Leben*, München, 1990)

Wilson, C., *Afterlife: An Investigation of the Evidence for Life After Death*, London, 1985

Wright, L. L., *Reincarnation: A Lost Chord in Modern Thought*, Wheaton, 1975